民航专业融媒体系列教材

U0368652

民航旅客地面服务

主编 ◎ 黄颖芬　朱海峰　陆　叶

清华大学出版社
北京

内 容 简 介

本书作者充分研读《民航旅客地面服务职业技能等级标准》对乘机登记、旅客服务、行李服务等地面服务岗位职业技能的要求，深入梳理航空运输企业工作流程和业务手册，结合多年民航工作的经历和院校教学培训的丰富经验编写了本书。本书分为基础知识、客票识读、旅客运输、特殊旅客、行李运输和行李查询六章，有上百张实地拍摄的工作场景和服务案例照片，每小节课后针对理论知识和业务技能的重难点设计了练习，帮助读者掌握核心知识。在实用性和针对性的基础上，本书注重内容的思想性和教育性，符合职业教育"教学做"一体的特点，有助于推动民航岗课赛证融通和培育高素质技能型人才。

本书适用中高等职业院校民航地面服务、民航地勤服务、民航旅客运输、值机和行李等课程的专业教学，并可供企业培训和在职人员自我提升。

本书封面贴有清华大学出版社防伪标签，无标签者不得销售。

版权所有，侵权必究。举报：**010-62782989，beiqinquan@tup.tsinghua.edu.cn**。

图书在版编目（CIP）数据

民航旅客地面服务/黄颖芬，朱海峰，陆叶主编. —北京：清华大学出版社，2024.5

民航专业融媒体系列教材

ISBN 978-7-302-65817-7

Ⅰ. ①民… Ⅱ. ①黄… ②朱… ③陆… Ⅲ. ①民用航空－旅客运输－商业服务－教材
Ⅳ. ①F560.9

中国国家版本馆 CIP 数据核字（2024）第 058724 号

责任编辑：杜　晓
封面设计：曹　来
责任校对：李　梅
责任印制：沈　露

出版发行：清华大学出版社
　　　　　网　　　址：https://www.tup.com.cn，https://www.wqxuetang.com
　　　　　地　　　址：北京清华大学学研大厦A座　　　　邮　　　编：100084
　　　　　社 总 机：010-83470000　　　　　　　　　邮　　　购：010-62786544
　　　　　投稿与读者服务：010-62776969，c-service@tup.tsinghua.edu.cn
　　　　　质量反馈：010-62772015，zhiliang@tup.tsinghua.edu.cn
　　　　　课件下载：https://www.tup.com.cn，010-83470410
印 装 者：三河市铭诚印务有限公司
经　销：全国新华书店
开　　本：185mm×260mm　　印　　张：14.75　　字　　数：337 千字
版　　次：2024 年 6 月第 1 版　　　　　　　　印　　次：2024 年 6 月第 1 次印刷
定　　价：49.00元

产品编号：104859-01

前　言

Preface

　　自 2005 年我国民航运输规模世界排名升至第二以来，经过十几年的奋斗，已基本实现从航空运输大国向单一航空运输强国的"转段进阶"，开启了多领域民航强国的新征程。民航业是国家战略性产业，民航旅客地面服务岗位群是直接面对旅客、满足群众需求、提升服务品质、服务国家发展的重要岗位。培育适应产业变迁和发展升级的民航服务人才，是新时代背景下行业和企业的迫切需求。

　　本书遵循职业教育的教学特点和学习者的认知规律，编写理念新颖，具有以下特色。

一、创新性，融合思政教育和专业知识

　　民航业是服务行业的标杆，本书编写不仅注重知识的系统性，更展现内容的思想性。以新时代民航精神为核心，具化为爱岗敬业、严谨细致、精益求精、踏实肯干、吃苦耐劳的责任和使命，贯穿于教材的始终。每小节前设与本节内容紧密相关的引例，如"打造空中朋友圈"介绍航空联盟，"航空业的鸿雁传书"引入 SITA 电报的功能和作用，"电子客票的前世今生"阐述了电子客票的发展历程，标题别出心裁，内容活泼生动，寓教于乐，激发读者的学习兴趣和行业认同。

二、针对性，对接岗位需求和教学实际

　　本书有超百张民航企业实地拍摄的照片，图文并茂，增强了地面服务工作流程和业务操作的直观性，弥补现有教材与实际岗位脱节和形式单一的不足。以机票为例，2007 年12 月 31 日起民航业全面实行机票无纸化，2010 年 7 月 4 日起中国民航机票 PNR 升位为六位，但有些教材仍以过时的信息作为样本讲解。以民航常见的行李牌为例，不少教材仅以文字一带而过，没有行李牌的图片，更没有拴挂行李牌的场景照片。此外，针对师生普遍认为是难点的 SITA 电报，本书对常用电报简语逐一做中文注释，并选取典型的电报案例中英文对照呈现，便于读者比对学习，使内容不再晦涩难懂。

三、实用性，学习策略引领内容编排

　　本书把教学改革渗入内容中，实现书本和教学建设　体化。例如，航空代码是民航从业人员的基础专业知识，然而记忆耗力费时，成为学习的"拦路虎"。本书灵活应用记忆的精细化策略，按照航空集团划分航空公司，按照民航管理区域划分运输机场，将其分解为若干个小目标，使记忆任务难度降低。旅客乘机登记的服务流程对于初学者而

言，在短时间内掌握比较困难。本书把服务内容和规范根据其特点变成喜闻乐见的歌谣、民谣、顺口溜等形式，提升操作技能和服务要点的掌握效率。学是获取知识，习是巩固知识，本书每一节针对内容的重难点设置以选择、判断和填空等题型为主的大量练习，做到学而时习之，同时配套有参考答案，便于教师实施教学。

四、前瞻性，纳入新业务和行业趋势

本书体现学科的融合性、知识的时代性和人文理念的融入性，立足民航现状，放眼行业未来，培育读者对新事物的接纳和学习能力。本书关注民航客运市场的新变化，吸纳第四舱新概念，这是在头等舱、公务舱和经济舱三个传统的服务等级的基础上，针对经济预算有限但有意愿体验高舱位服务的旅客推出的市场细分；关注航空枢纽和航线网络的建设，厘清转机与经停，以及中转航班与过站航班、过境航班的区别；关注彰显社会责任和真情服务的人文举措，阐述人体器官航空运输保障制度的建设、运输机场军人依法优先通道的全面推进、大兴机场面向老弱病残孕等特殊旅客推出的"兴心相印"服务；关注行业的新技术发展，介绍"刷脸"登机、智能行李赔偿、基于 RFID 技术的行李全流程跟踪系统等发展趋势。

本书由上海民航职业技术学院黄颖芬、上海市信息管理学校朱海峰和陆叶主编。具体编写分工如下：黄颖芬负责编写第一、二、四章和第三章的第四、五节，编写大部分课前引例和课后练习，同时负责整本书在逻辑、语言、格式规范和照片选用等方面的统稿完善；朱海峰负责编写第三章第一～三节，内容贯穿了荣获全国职业院校技能大赛教学能力比赛二等奖的宝贵教学经验；陆叶负责编写第五章和第六章，归纳整理了行李不正常运输的处置流程，并绘制业务流程图。本书编者分别有 24 年、16 年、11 年民航行业或教育培训的从业经验，各有所长、齐心协力，希望可以打造出一本具有专业特色、学生欢迎、社会认可的高质量教材。

本书经过不同阶段学生的试读，并在民航业内岗课证赛融通活动中分享，得到师生的广泛赞许，历时三年锤炼，经过六稿打磨最终定稿。本书在编写中参考了大量的文献资料，在此一并表示感谢。由于编者水平有限，书中尚有疏漏和不当之处，恳请不吝赐教为盼，不胜感激！

编　者
2024 年 3 月

目　录
Contents

第一章 基础知识

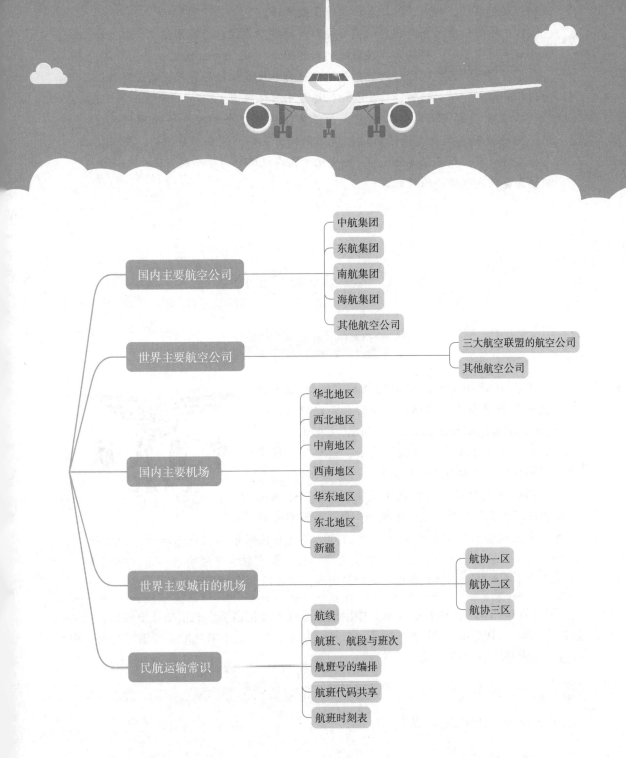

- 国内主要航空公司
  - 中航集团
  - 东航集团
  - 南航集团
  - 海航集团
  - 其他航空公司
- 世界主要航空公司
  - 三大航空联盟的航空公司
  - 其他航空公司
- 国内主要机场
  - 华北地区
  - 西北地区
  - 中南地区
  - 西南地区
  - 华东地区
  - 东北地区
  - 新疆
- 世界主要城市的机场
  - 航协一区
  - 航协二区
  - 航协三区
- 民航运输常识
  - 航线
  - 航班、航段与班次
  - 航班号的编排
  - 航班代码共享
  - 航班时刻表

本章学习目标

知识目标：识记国内外常见航空公司代码；识记国内外常见城市和机场的代码；理解航线、航班、航段和班次等民航术语。

能力目标：准确判断国内航空公司归属的航空集团；清晰阐述三大航空联盟及旗下航空公司；熟练掌握航班时刻表的阅读。

素养目标：民航认同，通过熟悉航空公司和民航机场的代码，增进对行业的认知和情感；精心钻研，在反复记忆练习中磨炼毅力。

本章难点是代码记忆工作量大，任务化解到整个学期，每次课程记忆15～20个代码。同时灵活应用记忆精细化加工策略，例如，层次化，先记忆省会首府城市，后记忆其他城市；模块化，国内机场分为7个航空区；规律化，洞察并遵循代码编排的规则。

第一节　国内主要航空公司

引例　中国民航原来是一家

早在 1987 年之前，中国民航局（见图 1.1）既是主管民航事务的政府部门，同时也是以中国民航（Civil Aviation Administration of China，CAAC）的名义直接经营航空业务的全国性企业，是机场、航空公司和政府管理部门三者合而为一的整体机构。

图 1.1　中国民航

1987 年民航第一次体制改革，经营性业务从民航管理局剥离，组建国航、东航和南航等多家自负盈亏、自主经营的国家骨干航空公司。2002 年开始民航第二次体制改革，2002 年 10 月 11 日在人民大会堂，中国航空集团公司、南方航空集团公司和东方航空集团公司（分别简称为中航集团、南航集团和东航集团）这三大航空集团宣告成立。

经过管理体制大刀阔斧的改革，中国航空形成多元化多层次的市场竞争格局，截至 2023 年 8 月，中国共有运输航空公司 65 家。为方便学习，本节选取主要航空公司，根据航空集团分模块讲解。

一、中航集团

中航集团主要航空公司见表 1.1。

表 1.1 中航集团主要航空公司

航空公司名称	航徽	两字代码	结算代码	总 部
中国国际航空		CA	999	北京 BJS
深圳航空		ZH	479	深圳 SZX
山东航空		SC	324	济南 TNA
西藏航空		TV	088	拉萨 LXA
昆明航空		KY	833	昆明 KMG

1. 中国国际航空 CA

中国国际航空（中央管理企业，以下简称"央企"，中国唯一载国旗飞行的航空公司）
航徽：主图案是凤凰，同时又是英文"VIP"（尊贵客人）的艺术变形，颜色为中国传统的大红，具有吉祥、圆满、祥和、幸福的寓意，寄寓着国航人服务社会的真挚情怀和对安全事业的永恒追求（见图 1.2）。

图 1.2 中国国际航空

2. 深圳航空 ZH

深圳航空航徽："民族之鹏"是深圳航空的新标志，是中国传统文化和现代文化集合的图腾；图案和谐融汇，红金吉祥映衬，凝聚东方文化的精髓（见图 1.3）。

图 1.3　深圳航空

3. 山东航空 SC

山东航空航徽：三个"S"形曲线代表擅长飞翔、纪律严明的飞燕，同时也是团结一致的象征。飞燕的三个"S"形翅膀，看上去像"山"字，三个"S"分别代表"山东""成功""安全"。航徽的周围对称的八条平行线段组成机翼形状，代表山航永远稳健安全地飞翔（见图 1.4）。

图 1.4　山东航空

4. 西藏航空 TV

西藏航空航徽：哈达象征真诚、纯洁，寓意西藏航空热情好客、服务周到、与世界人民的友谊地久天长；经幡象征吉祥与好运无处不在，祝愿旅程平安顺利（见图 1.5）。

图 1.5 西藏航空

5. 昆明航空 KY

昆明航空（深圳航空控股）航徽："飞舞的孔雀"与深圳航空"民族之鹏"的企业形象一脉相承，以极富云南地方民族特色的孔雀和祥云为图形创意的原型，寓意昆明航空在祥云之上展翼飞翔（见图 1.6）。

图 1.6 昆明航空

✈ 二、东航集团

东航集团主要航空公司见表 1.2。

表 1.2 东航集团主要航空公司

航空公司名称	航 徽	两字代码	结算代码	总 部
中国东方航空		MU	781	上海 SHA
上海航空		FM	781	上海 SHA
中国联合航空		KN	822	北京大兴机场 PKX

注：上海航空的结算代码原为 774，与中国东方航空合并后结算代码变更为 781。

1. 中国东方航空 MU

中国东方航空（央企）航徽：燕子也被视为东方文化的载体，体现了东方温情。燕子尾部的线条勾勒出东航英文名字"CHINA EASTERN"的 CE 两字。这是东航的新标识，于 2014 年 9 月 9 日正式对外发布。原来的燕子造型有不少直线，新设计则大部分改为圆弧，整体流线型的处理看上去更加舒展。新的设计将燕子彻底从圆形的笼子中解放了出来，仿佛看到一只挣脱束缚后奔向自由、奔向蓝天的燕子（见图 1.7）。

图 1.7　中国东方航空

2. 上海航空 FM

上海航空航徽：红尾翼上翱翔的仙鹤象征吉祥、如意、展翅飞翔，并将公司名称的缩写"SAL"也组合进图案中。鹤翅与颀长的鹤颈连成的柔和曲线代表"S"，鹤头代表"A"，鹤翅与鹤尾相连代表"L"，外形呈上海的"上"字（见图 1.8）。

图 1.8 上海航空

3. 中国联合航空 KN

中国联合航空航徽：CUA 是由"China United Airlines"三个单词的首字母构成（见图 1.9）。

图 1.9　中国联合航空

三、南航集团

南航集团主要航空公司见表 1.3。

表 1.3　南航集团主要航空公司

航空公司名称	航徽	两字代码	结算代码	总　部
中国南方航空		CZ	784	广州 CAN
厦门航空		MF	731	厦门 XMM
河北航空		NS	836	石家庄 SJW
重庆航空		OQ	878	重庆 CKG

1. 中国南方航空 CZ

中国南方航空（央企）航徽：选择木棉花作为航徽的主要内容，一方面是因为公司创立时总部设在中国南方城市广州，木棉花航徽既可以显示公司的地域特征，也可顺应南方人民对木棉花的喜爱和赞美；另一方面是因木棉花象征坦诚、热情，以此塑造公司的企业形象，表示自己将始终以坦诚、热情的态度为广大旅客、货主提供尽善尽美的航空运输服务（见图 1.10）。

图 1.10　中国南方航空

2. 厦门航空 MF

厦门航空航徽：2012年7月25日，厦门航空有限公司正式发布全新的企业航徽"一鹭高飞"和飞机涂装"海阔天空"，这是厦航在新时期谋新求变促发展的切实举措，新标识的启用拉开了厦航新一轮跨越发展的大幕（见图1.11）。

图 1.11　厦门航空

3. 河北航空 NS

河北航空（厦门航空控股）航徽：标识灵感来自河北省简称"冀"的首字母"J"，写意为一只在蓝色天空和红色朝阳组成的广阔天地间自由翱翔的雄鹰，有"鹰击长空，翱翔万里"之意。红色和蓝色亦可体现出河北环京津、环渤海的独有特征（见图1.12）。

图 1.12　河北航空

4. 重庆航空 OQ

重庆航空航徽：由红、蓝两色构成，设计灵感源于中国传统文化八卦图和长江、嘉陵江，标志形似两只手交相紧握，又似两江汇合，意蕴深厚，体现出重庆航空将以"激情、高效、责任感、有所为"为服务理念，用特色服务营造温馨旅程，用热情和爱心为旅客打造尊贵之旅（见图1.13）。

图 1.13　重庆航空

四、海航集团

海南航空集团有限公司简称海航集团，是中国继中航、东航和南航之后的第四大航空集团，主要航空公司见表 1.4。

表 1.4　海航集团主要航空公司

航空公司名称	航　徽	两字代码	结算代码	总　部
海南航空		HU	880	海口 HAK
大新华航空		CN	895	北京首都机场 PEK
首都航空		JD	898	北京首都机场 PEK
天津航空		GS	826	天津 TSN
西部航空		PN	847	重庆 CKG
祥鹏航空		8L	859	昆明 KMG

1. 海南航空 HU

海南航空航徽：标志的顶端是日月宝珠，寓意东方文化中至高至深的自然，海南航空将依自然昭示的法则而生长，而扩展，而至无限空间。标志的环形构图，从东方文化传说中的大鹏金翅鸟幻化而成，寓意海南航空将为中华民族而振翅高飞，其势将无穷且无限。图形底部是浪化的写意表达，寓意海南航空将一石激起千重浪，惊涛拍岸，卷起千堆雪。东方传说中，水浪纹又是云纹，云蒸霞蔚，水浪花凝成两朵如意，宣示海南航空愿天下人和谐一家的情怀（见图 1.14）。

图 1.14　海南航空

2. 大新华航空 CN

大新华航空航徽：同海南航空（见图 1.15）。

图 1.15　大新华航空

3. 首都航空 JD

首都航空（前身为金鹿航空）航徽：一条明黄色、昂首前瞻的龙。在中国传统文化中，明黄色象征着正统，龙是祥瑞的化身，是威武、高贵、尊荣的象征，又是幸运和成功的标志，所以首航的航徽选取了中国古代传说中神龙吉祥的寓意，突出了民族自豪感（见图 1.16）。

图 1.16　首都航空

4. 天津航空 GS

天津航空（海航参股，支线航空，原大新华快运）航徽：设计灵感源于精卫鸟。精卫虽小，却志存高远，投石填海，矢志不渝，精卫鸟体现了中华民族锲而不舍的精神（见图 1.17）。

图 1.17 天津航空

5. 西部航空 PN

西部航空航徽：以紫色为主，图案部分是一个大写的字母"W"（见图 1.18）。

图 1.18 西部航空

6. 祥鹏航空 8L

祥鹏航空航徽：选取中国传统字体——篆体，采用品牌基准色红、黄亮色，以"印章"方式进行创意设计（见图 1.19）。

图 1.19 祥鹏航空

五、其他航空公司

其他主要航空公司见表1.5。

表1.5　其他主要航空公司

航空公司名称	航 徽	两字代码	结算代码	总　部
四川航空		3U	876	成都 CTU
成都航空		EU	811	成都 CTU
春秋航空		9C	089	上海 SHA
吉祥航空		HO	018	上海浦东机场 PVG
华夏航空		G5	987	重庆 CKG
幸福航空		JR	929	西安 SIA
奥凯航空		BK	866	北京 BJS
东海航空		DZ	844	深圳 SZX

1. 四川航空 3U

四川航空航徽：四条波浪线代表四川省的四条江水系，即嘉陵江、岷江、沱江、涪江，用以指代四川；江鸥代表飞机；外部圆圈代表地球。寓意在改革开放的风顶浪尖上诞生的四川航空公司，随着社会进步发展的潮流，立志飞向全国，飞向世界（见图1.20）。

图 1.20　四川航空

2. 成都航空 EU

成都航空（四川航空参股，前身为鹰联航空）航徽：由代表成都市的太阳神鸟构成，线条简练流畅，极富韵律，充满强烈的动感，富有极强的象征意义和极大的想象空间，体现了人类对太阳及鸟的强烈崇拜，表达了蜀人对生命和运动的讴歌。其外层四只鸟代表四鸟负日，也代表春夏秋冬四季轮回，内层 12 道芒纹代表一年十二个月周而复始。这是古人崇拜太阳的物证，也是向往天空的体现，与成都航空的行业属性有机地结合在一起（见图 1.21）。

图 1.21 成都航空

3. 春秋航空 9C

春秋航空航徽：三个 S 在春秋旅游中分别代表 sun 阳光，sea 海洋，sand 沙滩；在春秋航空中分别代表 smile 微笑，service 服务，security 安全（见图 1.22）。

图 1.22 春秋航空

4. 吉祥航空 HO

吉祥航空航徽：创意灵感来自以吉祥凤凰为图案的中国古代的圆形玉佩。凤凰是自由翱翔的化身，和航空产业联系紧密，寓意吉祥和太平。玉蕴含着深厚的人文内涵，是吉祥如意的瑞物，代表了吉祥航空既有外表的明智，又兼具内在的诚实守信、乐观进取、坚韧不拔的崇高精神，象征着吉祥航空的品牌将和宝玉一样，经过时间的淬炼，更显出自身的价值（见图 1.23）。

图 1.23　吉祥航空

5. 华夏航空 G5

华夏航空航徽：采用鸽子作为航徽的基本元素，一方面表明华夏航空希望为社会、为公众提供安全、快捷、温馨、舒适的航空服务。另一方面也表明了华夏航空立志于做一个负责任、讲诚信的企业。同时，更喻示华夏航空在企业战略以及经营管理上所拥有的准确的判断力、高效的执行力、对既定目标坚定不移的信念与持之以恒的追求精神（见图 1.24）。

图 1.24　华夏航空

6. 幸福航空 JR

幸福航空航徽：5 个美丽的莲花花瓣，在中国传统文化当中代表着五福临门，代表幸福航空是幸福的传递者。花瓣的旋转盛开，寓意幸福之花在每一个人身边都能绽放。同时 5 个花瓣的底部紧紧相连，寓意团结和睦、团队合作、企业强大的凝聚力，共同为美好的明天而努力。而整个标志也可以看作一只飞翔的鸟，鸟的头是向着西部，它寓意幸福将会立足西安，肩负着发展西部支线航空的历史重任（见图 1.25）。

图 1.25　幸福航空

7. 奥凯航空 BK

奥凯航空航徽：源于中国古代"平安如意"云纹造型，据此又衍生出富于动感的飞翔动态；以"云"和"飞"为主要设计元素，准确表达了航空业务特质，隐喻"安全"与"迅捷"两个行业元素（见图 1.26）。

图 1.26　奥凯航空

8. 东海航空 DZ

东海航空航徽：九彩海鸥。海鸥，大海的精灵，是胆识、智慧和坚韧的象征；九个浪花形彩条恰如展翅的海鸥，乘风破浪，奋勇前行，预示着东海航空英明睿智的决策定创非凡成就（见图 1.27）。

图 1.27　东海航空

本节练习

填表题

1. 请按航空集团汇总，写出航空公司对应的两字代码。

中航集团	航空公司	中国国际航空	深圳航空	山东航空	西藏航空	昆明航空
	代码					
东航集团	航空公司	中国东方航空	上海航空	中国联合航空		
	代码					
南航集团	航空公司	中国南方航空	厦门航空	河北航空	重庆航空	
	代码					
海航集团	航空公司	海南航空	大新华航空	首都航空		
	代码					
	航空公司	天津航空	西部航空	祥鹏航空		
	代码					
其他航司	航空公司	四川航空	成都航空	春秋航空	吉祥航空	
	代码					
	航空公司	华夏航空	幸福航空	奥凯航空	东海航空	
	代码					

2. 根据航徽写出航空公司的中文名称和两字代码。

航徽	中文名称	两字代码	航徽	中文名称	两字代码

3. 根据航空公司两字代码，写出航空公司的中文名称和结算代码。

两字代码	CA	MU	CZ	MF	9C
中文名称					
结算代码					

第二节　世界主要航空公司

引例　打造空中"朋友圈"

　　20 世纪 80 年代以来，随着世界经济全球化步伐的加快，航空运输业呈现出航空公司战略联盟的新趋势。世界各大航空公司纷纷寻觅战略伙伴，以便将航线网络扩大到全球范围，并确保自身能跻身于世界空运市场。从实践的角度看，航空联盟是指联盟各方的最高管理层通过达成战略性协议，从而将各自的航线连接起来，并在一定的关键业务领域展开合作。

　　航空运输业属于网络型基础产业，因此实现网络经济性是航空公司战略联盟的主要经济动因。与此同时，经过有关机构的评估，由于航空联盟的共同销售和服务、股权结合、飞行运营以及共同采购等，使得参与联盟的航空公司其生产成本得以下降。

一、三大航空联盟的航空公司

　　目前世界上主要有三大航空联盟。"星空联盟"是目前最大的航空联盟，主要占据着亚洲、欧洲和南美地区市场；"天合联盟"主要在北美地区占据着优势；而"寰宇一家"在大西洋地区拥有相当的优势。

　　1. 星空联盟 Star Alliance

　　星空联盟（标识见图 1.28）是北欧航空、泰国国际航空、加拿大航空、德国汉莎航空和美国联合航空于 1997 年 5 月 14 日成立的国际航空公司联盟，口号是"地球连结的方式（The way the Earth connects）"。成立的主要宗旨是希望借由各成员所串联而成的环球航空网络，提供乘客一致的高品质服务以及全球认可的识别标志，并加强每个联盟成员在本地及全球所提供的服务及发展统一的产品服务。截至 2023 年 6 月，星空联盟成员已发展到 26 家会员航空公司（见表 1.6），是迄今为止历史最悠久、全球规模最大的航空战略联盟。

图 1.28　星空联盟的标识

表 1.6 星空联盟会员航空公司

中文名称	英文名称	代码	结算代码	标 志
爱琴海航空	Aegean Airlines	A3	390	
加拿大航空	Air Canada	AC	014	
印度航空	Air India	AI	098	
哥伦比亚国家航空	AviancA-Aerovias Nacionales de Colombia S.A.	AV	134	
长荣航空	EVA Airways	BR	695	
中国国际航空	Air China	CA	999	
巴拿马航空	Copa Airlines	CM	230	
埃塞俄比亚航空	Ethiopian Airlines	ET	071	
德国汉莎航空	Lufthansa	LH	220	
波兰航空	LOT-Polish Airlines	LO	080	
瑞士国际航空	Swiss International Airlines	LX	724	
埃及航空	Egypt Air	MS	077	
新西兰航空	Air New Zealand	NZ	086	
全日空航空	All Nippon Airways	NH	205	
奥地利航空	Austrian Airlines	OS	257	

中文名称	英文名称	代码	结算代码	标　志
克罗地亚航空	Croatia Airlines	OU	831	CROATIA AIRLINES
韩亚航空	Asiana Airlines	OZ	988	ASIANA AIRLINES
南非航空	South African Airways	SA	083	SOUTH AFRICAN AIRWAYS
北欧航空	SAS-Scandinavian Airlines	SK	117	SAS Scandinavian Airlines
布鲁塞尔航空	SN-Brussels Airlines	SN	082	brussels airlines
新加坡航空	Singapore Airlines	SQ	618	SINGAPORE AIRLINES
葡萄牙航空	TAP-Air Portugal	TP	047	TAP PORTUGAL
泰国航空	Thai Airways International	TG	217	THAI
土耳其航空	Turkish Airlines	TK	235	TURKISH AIRLINES TÜRK HAVA YOLLARI
美国联合航空	United Airlines	UA	016	United Airlines
深圳航空	Shenzhen Airlines	ZH	479	深圳航空 Shenzhen Airlines

2. 天合联盟 Sky Team

天合联盟（见图 1.29）是 2000 年 6 月 22 日由法国航空、美国达美航空、墨西哥航空和大韩航空联合成立的国际航空公司联盟，口号是"Caring More About You！"。随着意大利航空、捷克航空、荷兰皇家航空以及俄罗斯航空等公司的加入，天合联盟成为全球民航业第二大航空公司联盟。截至 2023 年 6 月，天合联盟成员已发展到 19 家会员航空公司，见表 1.7。

图 1.29　天合联盟的标识

表 1.7　天合联盟会员航空公司

中文名称	英文名称	代号	结算代码	标　志
法国航空	Air France	AF	057	AIRFRANCE
墨西哥航空	Aero Mexico	AM	139	AeroMexico
阿根廷航空	Aerolineas Argentinas	AR	044	Aerolíneas Argentinas
意大利航空	Alitalia	AZ	055	Alitalia
中华航空	China Airlines	CI	297	中華航空 CHINA AIRLINES
美国达美航空	Delta Airlines	DL	006	DELTA
印尼航空	Garuda Indonesia	GA	126	Garuda Indonesia
大韩航空	Korean Air	KE	180	KOREAN AIR
荷兰皇家航空	KLM-Royal Dutch Airlines	KL	074	KLM Royal Dutch Airlines
肯尼亚航空	Kenya Airways	KQ	706	Kenya Airways The Pride of Africa
中东航空	MEA-Middle East Airlines	ME	076	MEA
厦门航空	Xiamen Airlines	MF	731	厦門航空 XIAMEN AIRLINES
中国东方航空	China Eastern Airlines	MU	781	中國東方航空 CHINA EASTERN
捷克航空	Czech Airlines	OK	064	CSA CZECH AIRLINES
罗马尼亚航空	TAROM	RO	281	TAROM ROMANIAN AIR TRANSPORT
俄罗斯航空	Aeroflot Russian Airlines	SU	555	AEROFLOT Russian Airlines
沙特阿拉伯航空	Saudi Arabian Airlines	SV	065	الخطوط الجوية العربية السعودية SAUDI ARABIAN AIRLINES

续表

中文名称	英文名称	代号	结算代码	标　志
欧罗巴航空	Air Europa	UX	996	AirEuropa
越南航空	Vietnam Airlines	VN	738	Vietnam Airlines

3. 寰宇一家 One World

寰宇一家（见图 1.30）是 1999 年 2 月 1 日正式成立的国际性航空公司联盟，由美国航空、英国航空、原加拿大航空、国泰航空及澳洲快达航空发起结盟。其成员航空公司及其附属航空公司亦在航班时间、票务、代码共享、乘客转机、飞行常客计划、机场贵宾室以及降低支出等多方面进行合作。截至 2023 年 6 月，寰宇一家成员已发展到 13 家会员航空公司，见表 1.8。

图 1.30　寰宇一家的标识

表 1.8　寰宇一家会员航空公司

中文名称	英文名称	代号	结算代码	标　志
美国航空	American Airlines	AA	001	AmericanAirlines
阿拉斯加航空	Alaska Airlines	AB	745	Alaska
芬兰航空	Finnair	AY	105	FINNAIR
英国航空	British Airways	BA	125	BRITISH AIRWAYS
国泰航空	Cathay Pacific Airways	CX	160	CATHAY PACIFIC
西班牙国家航空	Iberia	IB	075	IBERIA
日本航空	Japan Airlines	JL	131	JAL JAPAN AIRLINES
澳洲快达航空	Qantas Airways	QF	081	QANTAS Spirit of Australia
卡塔尔航空	Qatar Airways	QR	157	QATAR AIRWAYS

续表

中文名称	英文名称	代号	结算代码	标　志
摩洛哥皇家航空	Royal Air Maroc	MA	182	royal air maroc الخطوط الملكية المغربية
马来西亚航空	Malaysia Airlines	MH	232	malaysia AIRLINES
约旦皇家航空	Royal Jordanian	RJ	512	ROYAL JORDANIAN
斯里兰卡航空	Srilankan Airlines	UL	603	Srilankan Airlines

二、其他航空公司

其他主要航空公司见表1.9。

表 1.9　其他主要航空公司

中文名称	英文名称	代号	结算代码	标　志
澳门航空	Air Macau	NX	675	AIR MACAU 澳門航空
阿联酋航空	United Arab Emirates	EK	176	Emirates
香港航空	Hong Kong Airlines	HX	851	HONGKONG AIRLINES 香港航空
菲律宾航空	Philippine Airlines	PR	079	Philippine Airlines
文莱皇家航空	Royal Brunei Airlines	BI	672	ROYAL BRUNEI
尼泊尔航空	Nepal Airlines	RA	285	Nepal Airlines
维珍航空	Virgin Atlantic Airways	VS	932	virgin atlantic

本节练习

填表题

以下按航空联盟汇总，请写出航空公司对应的两字代码。

星空联盟	航空公司	加拿大航空	长荣航空	汉莎航空	韩亚航空
	代码				
	航空公司	北欧航空	新加坡航空	泰国航空	美国联合航空
	代码				
天合联盟	航空公司	法国航空	中华航空	美国达美航空	印尼航空
	代码				
	航空公司	大韩航空	荷兰皇家航空	俄罗斯航空	越南航空
	代码				
寰宇一家	航空公司	美国航空	芬兰航空	英国航空	国泰航空
	代码				
	航空公司	日本航空	澳洲快达航空	卡塔尔航空	马来西亚航空
	代码				
其他航司	航空公司	澳门航空	阿联酋航空	香港航空	菲律宾航空
	代码				
	航空公司		文莱皇家航空	尼泊尔航空	维珍航空
	代码				

第三节 国内主要机场

> ### 引例 中国机场之最
>
> 1. 中国最早的机场——北京南苑机场 NAY
> 1910 年 7 月，位于南苑镇的皇家狩猎场和练兵场改建成供飞机起降的简易跑道，南苑机场由此得名。这是中国第一个机场，也是世界最早的机场之一。2019 年 9 月 25 日，百年南苑机场关闭，将历史的接力棒交付给同一日正式通航的大兴国际机场。
>
> 2. 中国海拔最高的机场 稻城亚丁机场 DAX
> 稻城亚丁机场是位于四川省甘孜藏族自治州稻城县的国内支线机场，海拔 4411 米，超过海拔 4334 米的昌都邦达机场，同时也是世界上海拔最高的民用机场。

3. 中国跑道最长的机场——昌都邦达机场 BPX

昌都邦达机场位于西藏自治区东部昌都市邦达草原，跑道全长 5 千米，是国内跑道最长的民用机场。机场北距市区 136 千米，同时也被称为世界上离市区最远的民用机场。

4. 中国最大的机场——上海浦东机场 PVG

上海浦东机场设有 5 条跑道和 340 个停机位，总用地面积为 57 平方千米。拥有 2 座航站楼和 2 座卫星厅，候机楼总面积达 145.6 万平方米。截至 2022 年底，该机场设有国内外航线 220 条，连接 37 个国家 297 个通航点。

中国幅员辽阔，截至 2023 年 8 月，我国境内运输机场（不含香港、澳门和台湾地区）254 座。为更好地管理和发展民航事业，民航局将全国划分为七大区域（表 1.10），每个区域由一个地区管理局管理。为方便学习，本节根据民航局划分的七大区域选取其中中国主要城市和机场，分模块学习。

表 1.10 中国民航区域划分情况

区域归属管理局名称	区域编号	区域范围
中国民航华北地区管理局	1	北京、天津、河北、山西、内蒙古
中国民航西北地区管理局	2	陕西、甘肃、宁夏、青海
中国民航中南地区管理局	3	广东、广西、湖南、湖北、河南、海南
中国民航西南地区管理局	4	云南、贵州、四川、重庆、西藏
中国民航华东地区管理局	5	山东、安徽、江苏、上海、浙江、福建、江西
中国民航东北地区管理局	6	黑龙江、吉林、辽宁
中国民航新疆管理局	9	新疆

一、华北地区

华北地区（区域编号 1）主要城市和机场见表 1.11。

表 1.11 华北地区主要城市和机场

省、自治区、直辖市	城市	机场名称	机场代码	备注
北京	北京	首都国际机场	PEK	直辖市，城市代码 BJS
		大兴国际机场	PKX	
天津	天津	滨海国际机场	TSN	直辖市
河北	石家庄	正定国际机场	SJW	省会
	唐山	三女河机场	TVS	
	邯郸	邯郸机场	HDG	

续表

省、自治区、直辖市	城市	机场名称	机场代码	备　注
河北	秦皇岛	北戴河机场	BPE	山海关机场（代码SHP）2016年3月31日起转全军用
山西	太原	武宿国际机场	TYN	省会
	大同	云冈国际机场	DAT	怀仁机场2005年12月25日起转全军用
	长治	王村机场	CIH	
	运城	张孝机场	YCU	位于张孝村关公西街，常被称为"关公机场"
内蒙古	呼和浩特	白塔国际机场	HET	自治区首府
	包头	东河机场	BAV	旧称"二里半机场"
	乌兰浩特	义勒利特机场	HLH	
	呼伦贝尔	海拉尔机场	HLD	
	锡林浩特	锡林浩特机场	XIL	
	二连浩特	赛乌苏国际机场	ERL	
	赤峰	玉龙机场	CIF	位于土城子村，俗称"土城子机场"
	通辽	通辽机场	TGO	
	乌海	乌海机场	WUA	
	乌兰察布	集宁机场	UCB	
	阿尔山	伊尔施机场	YIE	
	满洲里	西郊机场	NZH	
	林西	林西机场	LXI	
	鄂尔多斯	伊金霍洛机场	DSN	

二、西北地区

西北地区（区域编号2）主要城市和机场见表1.12。

表1.12　西北地区主要城市和机场

省、自治区、直辖市	城市	机场名称	机场代码	备　注
陕西	西安	咸阳国际机场	XIY	省会，城市代码SIA
	汉中	城固机场	HZG	西关机场2012年8月24日停用
	延安	南泥湾机场	ENY	二十里铺机场2018年11月8日停用

续表

省、自治区、 直辖市	城市	机场名称	机场代码	备　注
陕西	安康	富强机场	AKA	
	榆林	榆阳机场	UYN	
甘肃	兰州	中川机场	LHW	省会
	敦煌	莫高国际机场	DNH	
	嘉峪关	嘉峪关机场	JGN	
	庆阳	庆阳机场	IQN	
宁夏	银川	河东国际机场	INC	自治区首府
青海	西宁	曹家堡机场	XNN	省会
	格尔木	格尔木机场	GOQ	

三、中南地区

中南地区（区域编号 3）主要城市和机场见表 1.13。

表 1.13　中南地区主要城市和机场

省、自治区、 直辖市	城市	机场名称	机场代码	备　注
广东	广州	白云国际机场	CAN	省会
	梅州	梅县机场	MXZ	
	珠海	金湾机场	ZUH	
	揭阳	潮汕国际机场	SWA	
	深圳	宝安国际机场	SZX	
	湛江	吴川国际机场	ZHA	
	惠州	平潭机场	HUZ	
	佛山	沙堤机场	FUO	
广西	南宁	吴圩国际机场	NNG	自治区首府
	桂林	两江国际机场	KWL	
	北海	福成机场	BHY	
	柳州	白莲机场	LZH	
	梧州	西江机场	WUZ	长洲岛机场 2019 年 1 月 23 日停用
	百色	巴马机场	AEB	

续表

省、自治区、直辖市	城市	机场名称	机场代码	备注
湖南	长沙	黄花国际机场	CSX	省会
	张家界	荷花国际机场	DYG	
	常德	桃花源机场	CGD	
	衡阳	南岳机场	HNY	
	怀化	芷江机场	HJJ	
	永州	零陵机场	LLF	
湖北	武汉	天河国际机场	WUH	省会
	荆州	沙市机场	SHS	
	襄阳	刘集机场	XFN	2010年城市"襄樊"更名为"襄阳"
	宜昌	三峡机场	YIH	
	恩施	许家坪机场	ENH	
河南	郑州	新郑国际机场	CGO	省会
	洛阳	北郊机场	LYA	
	南阳	姜营机场	NNY	
海南	海口	美兰国际机场	HAK	省会
	三亚	凤凰国际机场	SYX	

四、西南地区

西南地区（区域编号4）主要城市和机场见表1.14。

表1.14　西南地区主要城市和机场

省、自治区、直辖市	城市	机场名称	机场代码	备注
云南	昆明	长水国际机场	KMG	省会
	丽江	三义国际机场	LJG	
	西双版纳	嘎洒机场	JHG	
	大理	凤仪机场	DLU	
	德宏	芒市机场	LUM	
	迪庆	香格里拉机场	DIG	
	普洱	思茅机场	SYM	
	保山	云端机场	BSD	
	昭通	昭阳机场	ZAT	

省、自治区、直辖市	城市	机场名称	机场代码	备　　注
云南	文山	砚山机场	WNH	2019年"普者黑机场"改为现名
	临沧	博尚机场	LNJ	
	腾冲	驼峰机场	TCZ	
贵州	贵阳	龙洞堡国际机场	KWE	省会
	铜仁	凤凰机场	TEN	
	遵义	新舟机场	ZYI	
	遵义	茅台机场	WMT	
	安顺	黄果树机场	AVA	
	兴义	万峰林机场	ACX	
四川	成都	双流国际机场	CTU	省会，城市代码CTU
	成都	天府国际机场	TFU	2021年6月27日通航
	绵阳	南郊机场	MIG	
	宜宾	五粮液机场	YBP	菜坝机场2019年12月5日停用
	泸州	云龙机场	LZO	蓝田机场2017年9月22日停用
	九寨沟	黄龙机场	JZH	
	攀枝花	保安营机场	PZI	
	西昌	青山机场	XIC	
	南充	高坪机场	NAO	
	甘孜	康定机场	KGT	
重庆	重庆	江北国际机场	CKG	直辖市，城市代码CKG
	重庆	万州五桥机场	WXN	
西藏	拉萨	贡嘎国际机场	LXA	自治区首府
	昌都	邦达机场	BPX	
	林芝	米林机场	LZY	
	阿里	昆莎机场	NGQ	
	日喀则	和平机场	RKZ	

五、华东地区

华东地区（区域编号5）主要城市和机场见表1.15。

表 1.15 华东地区主要城市和机场

省、自治区、直辖市	城市	机场名称	机场代码	备 注
山东	济南	遥墙国际机场	TNA	省会
	威海	大水泊国际机场	WEH	
	青岛	胶东国际机场	TAO	流亭机场 2021 年 8 月 12 日停用
	潍坊	潍坊机场	WEF	
	烟台	蓬莱国际机场	YNT	莱山机场 2015 年 5 月 28 日起转全军用
	临沂	启阳国际机场	LYI	
	济宁	曲阜机场	JNG	
安徽	合肥	新桥国际机场	HFE	省会
	黄山	屯溪机场	TXN	
	安庆	天柱山机场	AQG	2005 年 10 月 18 日大龙山机场改为现名
	阜阳	阜阳机场	FUG	
江苏	南京	禄口国际机场	NKG	省会
	徐州	观音国际机场	XUZ	白塔埠机场 2019 年 2 月 12 日起转全军用
	连云港	花果山机场	LYG	
	盐城	南洋国际机场	YNZ	
	常州	奔牛国际机场	CZX	
	南通	兴东国际机场	NTG	
	无锡	硕放国际机场	WUX	
上海	上海	上海虹桥国际机场	SHA	直辖市，城市代码 SHA
	上海	上海浦东国际机场	PVG	
浙江	杭州	萧山国际机场	HGH	
	温州	龙湾国际机场	WNZ	2013 年 3 月"永强机场"改为现名
	舟山	普陀山机场	HSN	
	宁波	栎社国际机场	NGB	
	义乌	义乌机场	YIW	
	台州	台州路桥机场	HYN	
	衢州	衢州机场	JUZ	
福建	福州	长乐国际机场	FOC	省会
	厦门	高崎国际机场	XMN	
	泉州	晋江国际机场	JJN	
	武夷山	武夷山机场	WUS	
	连城	冠豸山机场	LCX	

续表

省、自治区、直辖市	城市	机场名称	机场代码	备　注
江西	南昌	昌北国际机场	KHN	省会
	九江	庐山机场	JIU	
	景德镇	罗家机场	JDZ	
	赣州	黄金机场	KOW	
	吉安	井冈山机场	JGS	

六、东北地区

东北地区（区域编号6）主要城市和机场见表1.16。

表1.16　东北地区主要城市和机场

省、自治区、直辖市	城市	机场名称	机场代码	备　注
黑龙江	哈尔滨	太平国际机场	HRB	省会
	齐齐哈尔	三家子机场	NDG	
	牡丹江	海浪国际机场	MDG	
	佳木斯	东郊机场	JMU	
	黑河	瑷珲机场	HEK	
	鸡西	兴凯湖机场	JXA	
	大庆	萨尔图机场	DQA	
	伊春	林都机场	LDS	
	漠河	古莲机场	OHE	
吉林	长春	龙嘉国际机场	CGQ	省会
	延吉	朝阳川机场	YNJ	
	白山	长白山机场	NBS	
辽宁	沈阳	桃仙国际机场	SHE	省会
	大连	周水子国际机场	DLC	
	锦州	锦州湾机场	JNZ	小岭子机场2015年12月10日起转全军用
	丹东	浪头机场	DDG	
	朝阳	朝阳机场	CHG	
	鞍山	腾鳌机场	AOG	
	长海	大长山岛机场	CNI	

七、新疆

新疆（区域编号 9）主要城市和机场见表 1.17。

表 1.17 新疆主要城市和机场

省、自治区、直辖市	城市	机场名称	机场代码	备 注
新疆	乌鲁木齐	地窝堡国际机场	URC	自治区首府
	和田	和田机场	HTN	
	伊宁	伊宁机场	YIN	
	克拉玛依	古海机场	KRY	
	塔城	千泉机场	TCG	
	阿勒泰	雪都机场	AAT	
	阿克苏	红旗坡机场	AKU	
	库尔勒	犁城机场	KRL	
	库车	龟兹机场	KCA	
	喀什	喀什机场	KHG	
	且末	玉都机场	IQM	
	哈密	伊州机场	HMI	
	富蕴	可可托海机场	FYN	
	新源	那拉提机场	NLT	

❀ 本 节 练 习 ❀

填表题

1. 以下按区划顺序汇总省、自治区、直辖市，请写出省会或首府城市的中文名称和城市三字代码。

省、自治区、直辖市	北京	天津	河北	山西	内蒙古	陕西	甘肃	宁夏
省会或首府城市								
城市代码								

省、自治区、直辖市	青海	广东	广西	湖南	湖北	河南	海南	云南
省会或首府城市								
城市代码								

省、自治区、直辖市	贵州	四川	重庆	西藏	山东	安徽	江苏	上海
省会或首府城市								
城市代码								

续表

省、自治区、直辖市	浙江	福建	江西	黑龙江	吉林	辽宁	新疆	
省会或首府城市								
城市代码								

2. 以下按区划顺序汇总，请写出对应的城市三字代码和机场三字代码。

城市	城市代码	机　场	机场代码
北京		北京首都国际机场	
		北京大兴国际机场	
西安		西安咸阳国际机场	
成都		成都双流国际机场	
		成都天府国际机场	
上海		上海虹桥国际机场	
		上海浦东国际机场	

3. 以下按字母顺序列出国内部分重要的旅游或商贸城市，请对应写出城市代码。

城市	包头	北海	丹东	迪庆	大连	大理	敦煌	张家界
代码								
城市	舟山	景德镇	西双版纳	库尔勒	桂林	丽江	洛阳	连云港
代码								
城市	宁波	揭阳	三亚	锦州	义乌	深圳	湛江	青岛
代码								
城市	黄山	潍坊	威海	温州	武夷山	厦门	烟台	珠海
代码								

第四节　世界主要城市的机场

引例　2023 年 Skytrax "全球最佳机场奖"

Skytrax 是一家成立于20世纪90年代末、总部位于英国、专门从事评估全球航空公司及机场服务优劣的顾问公司。每年评选的"全球最佳机场奖"（Skytrax

World Airport Awards），受到业界的广泛关注。该榜单基于乘客对全球550多个机场的机场服务（登记、进站、转机、购物、安全、入境、出站等）和设施质量标准的综合评价，每年有超过60个国籍的乘客参与问卷调查。

2023年"全球最佳机场"排名前10位分别为新加坡的樟宜机场、卡塔尔多哈的哈马德机场、日本东京的羽田机场、韩国首尔的仁川机场、法国巴黎的戴高乐机场，紧随其后的是土耳其的伊斯坦布尔机场、德国的慕尼黑机场、瑞士的苏黎世机场、日本东京的成田机场和西班牙马德里的巴拉哈斯机场。

2023年"全球最佳机场"排名前100位中，美国占据14席，高居第一；其次是中国9家，分别是广州白云国际机场、海口美兰国际机场、深圳宝安机场、香港国际机场、上海虹桥国际机场、成都天府国际机场、西安咸阳国际机场、台北桃园国际机场、长沙黄花国际机场。

为便于国际航空运输的协调与管理，国际航协（International Air Transport Association，IATA）将世界划分为3个航协大区。这3个大区的范围大致是：南、北美洲和加勒比地区为一区（TC1）；欧洲、非洲和伊朗以西地区为二区（TC2）；亚洲和澳大利亚、新西兰为三区（TC3），中国就在三区。本节选取世界主要城市，根据航协3个大区分模块学习。

一、航协一区

航协一区主要城市见表1.18。

表 1.18　航协一区主要城市

国家或地区	城市中英文全称	城市三字代码
加拿大	Montreal（蒙特利尔）	YMQ
	Toronto（多伦多）	YTO
	Vancouver（温哥华）	YVR
美国	Atlanta（亚特兰大）	ATL
	Chicago（芝加哥）	CHI
	Dallas（达拉斯）	DFW
	Detroit（底特律）	DTT
	Houston（休斯敦）	HOU
	Los Angeles（洛杉矶）	LAX
	Miami（迈阿密）	MIA
	New York（纽约）	NYC
	San Francisco（旧金山）	SFO
	Seattle（西雅图）	SEA

国家或地区	城市中英文全称	城市三字代码
美国	Washington（华盛顿）	WAS（首都）
	Honolulu（檀香山）	HNL
阿根廷	Buenos Aires（布宜诺斯艾利斯）	BUE（首都）
巴西	Rio de Janeiro（里约热内卢）	RIO

二、航协二区

航协二区主要城市见表 1.19。

表 1.19　航协二区主要城市

国家或地区	城市中英文全称	城市三字代码
英国	London（伦敦）	LON（首都）
	Manchester（曼彻斯特）	MAN
法国	Marseilles（马赛）	MRS
	Paris（巴黎）	PAR（首都）
西班牙	Barcelona（巴塞罗那）	BCN
	Madrid（马德里）	MAD（首都）
德国	Berlin（柏林）	BER（首都）
	Hamburg（汉堡）	HAM
	Munich（慕尼黑）	MUC
	Frankfurt（法兰克福）	FRA
	Dusseldorf（杜塞尔多夫）	DUS
荷兰	Amsterdam（阿姆斯特丹）	AMS（首都）
比利时	Brussels（布鲁塞尔）	BRU（首都）
瑞士	Zurich（苏黎世）	ZRH
意大利	Naples（那不勒斯）	NAP
	Rome（罗马）	ROM（首都）
	Venice（威尼斯）	VCE
	Milan（米兰）	MXP
奥地利	Vienna（维也纳）	VIE（首都）
匈牙利	Budapest（布达佩斯）	BUD（首都）
波兰	Warsaw（华沙）	WAW（首都）
丹麦	Copenhagen（哥本哈根）	CPH（首都）
挪威	Oslo（奥斯陆）	OSL（首都）

续表

国家或地区	城市中英文全称	城市三字代码
芬兰	Helsinki（赫尔辛基）	HEL（首都）
俄罗斯	Moscow（莫斯科）	MOW（首都）
土耳其	Istanbul（伊斯坦布尔）	IST（首都）
希腊	Athens（雅典）	ATH（首都）
埃及	Cairo（开罗）	CAI（首都）
南非	Johannesburg（约翰内斯堡）	JNB
肯尼亚	Nairobi（内罗毕）	NBO（首都）

三、航协三区

航协三区主要城市见表1.20。

表 1.20　航协三区主要城市

国家或地区	城市中英文全称	城市三字代码
中国	Beijing（北京）	BJS（首都）
	Shanghai（上海）	SHA
	Guangzhou（广州）	CAN
	Hong Kong（香港）	HKG
	Macao（澳门）	MFM
	Taipei（台北）	TPE
	Kaohsiung（高雄）	KHH
新加坡	Singapore（新加坡）	SIN（首都）
泰国	Bangkok（曼谷）	BKK（首都）
	Phuket（普吉岛）	HKT
菲律宾	Manila（马尼拉）	MNL（首都）
马来西亚	Kuala Lumpur（吉隆坡）	KUL（首都）
印度尼西亚	Jakarta（雅加达）	JKT（首都）
文莱	Bandar Seri Begawan（斯里巴加湾）	BWN（首都）
日本	Tokyo（东京）	TYO（首都）
	Osaka（大阪）	OSA
	Fukuoka（福冈）	FUK
	Nagoya（名古屋）	NGO
	Nagasaki（长崎）	NGS
	Fukushima（福岛）	FKS

续表

国家或地区	城市中英文全称	城市三字代码
日本	Okayama（冈山）	OKJ
	Kagoshima（鹿儿岛）	KOJ
	Hiroshima（广岛）	HIJ
	Okinawa（冲绳）	OKA
	Niigata（新潟）	KIJ
	Sendai（仙台）	SDJ
	Sapporo（札幌）	CTS
韩国	Seoul（首尔）	SEL（首都）
	Pusan（釜山）	PUS
	Chung Ju（青州）	CJJ
	Taegu（大邱）	TAE
	Kwangju（光州）	KWJ
	Cheju（济州）	CJU
马尔代夫	Male（马累）	MLE（首都）
印度	Mumbai（孟买）	BOM
	New Delhi（新德里）	DEL（首都）
澳大利亚	Sydney（悉尼）	SYD
	Melbourne（墨尔本）	MEL
新西兰	Auckland（奥克兰）	AKL
北马里亚纳（美属）	Saipan（塞班）	SPN

❀ 本节练习 ❀

填表题

1. 按航协大区划分顺序汇总，写出 30 个国家对应的首都以及城市代码。

国家	美国	阿根廷	英国	法国	西班牙	荷兰
首都						
城市代码						
国家	比利时	德国	意大利	奥地利	匈牙利	波兰
首都						
城市代码						
国家	丹麦	挪威	芬兰	俄罗斯	土耳其	希腊
首都						
城市代码						

续表

国家	埃及	肯尼亚	新加坡	泰国	菲律宾	马来西亚
首都						
城市代码						
国家	印度尼西亚	文莱	日本	韩国	马尔代夫	印度
首都						
城市代码						

2. 根据以下 20 个城市的英文名称，写出城市中文名、城市代码和归属的国家。

城市英文名	Toronto	Vancouver	Chicago	Los Angeles	New York
城市中文名					
城市代码					
国家					
城市英文名	San Francisco	Rio de Janeiro	Munich	Frankfurt	Zurich
城市中文名					
城市代码					
国家					
城市英文名	Milan	Johannesburg	Hong Kong	Taipei	Osaka
城市中文名					
城市代码					
国家					
城市英文名	Nagoya	Pusan	Sydney	Melbourne	Auckland
城市中文名					
城市代码					
国家					

第五节　民航运输常识

引例　翼展长空搏云天——写在新中国民航成立 70 周年之际

　　时至 2019 年，70 年的历史天空，银鹰展翅，航迹壮美。北京首都国际机场起降高峰时段每分钟可以迎送 1.5 个航班。365 天，全国新增航路里程 6643 千米，6.1 亿人次乘坐中国民航的航班出行。

> 　　抚今追昔，方知来路艰辛。曾几何时，中国民航没有自己飞出去的能力，甚至连国家领导人出访还要租用外国的飞机；曾几何时，峡谷天堑横亘面前，山乡郊野闭塞难行，百姓要"骑着毛驴上北京"。新中国成立初期的1950年，我们只有7条国内航线，通航国内8个城市；1978年，中国民航只有150条国内航线、12条国际航线，通航14个国家；2019年相较于1978年，这些数字已然分别翻了27.3倍、70.6倍和4.6倍。中国民航的航线已经遍布祖国大江南北，并飞越重洋，通达世界各地。
>
> 　　新中国民航用中国跨度、中国高度、中国速度、中国深度，走出了具有中国特色的民航强国之路，挺起了泱泱大国的交通脊梁骨架。

一、航线

1. 航线的定义

民航从事运输飞行必须按照规定的线路进行。连接两个或几个地点，进行定期或不定期飞行，并对外经营航空业务的航空线叫航线。

航线不仅确定了航行的具体方向，起止点（或称起讫点）与经停点，还根据空中交通管制的需要，规定了航路的宽度和飞行的高度层，以维护空中交通秩序，保证飞行安全。

2. 航线的分类

航线分为国内航线、国际航线、地区航线。

（1）国内航线：航线的起止点、经停点均在一国境内的航线。

国内航线分干线和支线。连接省、自治区和直辖市之间的航线，叫国内干线。省或自治区以内的航线，叫国内支线。例如，上海和云南昆明之间的航线，为国内干线；而云南省内昆明和丽江之间的航线，为国内支线。

（2）国际航线：飞行路线其起止点、经停点不在同一国家的航线，叫国际航线。例如，中国的上海与日本的大阪之间的航线。

（3）地区航线：是指在一国境内与其特定地区之间的航线，目前特指中国内地（大陆）、香港特别行政区、澳门特别行政区、台湾地区之间的航线，如上海与香港之间的航线。地区航线是特殊管理的国内航线，特殊在于适用国际运输规则。

二、航班、航段与班次

1. 航班

定义：航班是指飞机在规定的航线上，使用规定的机型，按照规定的日期、时刻进行运输生产的定期飞行。

航班分去程航班和回程航班。去程航班，一般是指飞机从基地站出发的运输飞行；回程航班，是指返回基地站的运输飞行。

航班也可以分为国内航班、国际航班和地区航班。国内航班，是指在国内航线上飞行的航班，即航班的起止点、经停点均在一国的境内；国际航班，是指在国际航线上飞行的航班，即航班的起止点、经停点不在一个国家的境内；地区航班，目前特指中国内地（大陆）与香港特别行政区、澳门特别行政区和台湾地区之间飞行的航班。

2. 航段

定义：航段是指航线点与点之间的航程。

表 1.21 中，SC4611 航班有 1 个经停，就有 2 个航段。航线的经停点越多，航段数就越多。航线经停点的多少是根据客货运输的需求和飞机航行能力决定的，为了提高飞机的载运量可以增加飞机的经停点。但是，为了提高飞机的日利用率和体现飞机速度快的优点，应在航线上尽量减少经停点。

表 1.21　SC4611 航班经停信息

SC4611 的航程	到达时间	起飞时间	
始发地：TAO		0715	SC4611 有 1 个经停点，共有 2 个航段。
经停地：TYN	0905	0955	第一个航段为青岛 TAO 至太原 TYN；
目的地：URC	1340		第二个航段为太原 TYN 至乌鲁木齐 URC

3. 班次

定义：班次是指航班在单位时间内飞行的次数。

通常以一周为标准计算航班的飞行班次，一个班次包括去程航班和回程航班。班次的多少依据运量的需要和运力的供给来确定。每周的班次反映某航线的航班密度，它是根据运量、运力、机型及效益等因素来决定的。

三、航班号的编排

1. 国内航班号的编排

国内航班的航班号由执行航班的航空公司二字代码和四个阿拉伯数字组成，见表 1.22。

第一位数字，是执行该航班任务的航空公司所属管理局的区域编号。区域编号在本章第三节已经详细介绍。

第二位数字，若航班为去程航班，是航班终点站所属管理局的区域编号。若航班为回程航班，那么第二个数字是航班始发站所属管理局的区域编号。

第三、四位表示航班的具体序号。第四位数字若为奇数（或称单数），则表示该航班为去程航班；第四位数字若为偶数（或称双数），则表示为回程航班。

表 1.22　上海和北京之间东航部分航班号

航班号	航　　程	航班号	航　　程
MU5101	上海 ✈ ——— 北京	MU5102	北京 ✈ ——— 上海
MU5103	第四位是奇数，航班离开东航的基地上海	MU5104	第四位是偶数，航班返回东航的基地上海
MU5105		MU5106	

航班号	航　程	航班号	航　程
MU5107		MU5108	
MU5109	上海 ✈ ————— 北京	MU5110	北京 ✈ ————— 上海
MU5111	第四位是奇数，航班离开东航的基地上海	MU5112	第四位是偶数，航班返回东航的基地上海
MU5113		MU5114	
MU5115		MU5116	

2. 国际或地区航班号的编排

国际或地区航班的航班号，由执行航班的航空公司二字代码和三个阿拉伯数字组成。

第一位数字，是执行该航班任务的航空公司所属管理局的区域编号。国航使用"9"代表国际航班。

第二位数字，是国际航班所涉及的另外一个国家或区域的数字编号。如一般把美洲编为数字 8，表 1.23 为东航在上海和美洲之间往返的航班。

第三位数字，表示航班序号。相较于国内航班，国际航班的数量较少，仅用一位数字表示序号。第三位数字为奇数表示去程航班，若为偶数表示回程航班。

表 1.23　上海和美洲之间东航航班号

航班号	航　程	航班号	航　程
MU581	上海 → 温哥华	MU582	温哥华 → 上海
MU583	上海 → 洛杉矶	MU586	洛杉矶 → 上海
MU587	上海 → 纽约	MU588	纽约 → 上海

四、航班代码共享

1. 代码共享的定义

代码共享（code-sharing）是指一家航空公司的航班号（即代码）可以用在另一家航空公司的航班上。即旅客乘坐出票航空公司航班号，但非出票航空公司承运的航班。

对于航空公司，可以在不投入成本的情况下完善航线网络、扩大市场份额，而且突破了某些相对封闭的航空市场的壁垒。对于旅客，可以享受更加便捷、丰富的服务，比如众多的航班和时刻选择、一体化的转机服务、优惠的环球票价、共享的休息厅以及常旅客计划等。

2. 代码共享的方式

代码共享的方式主要有完全代码共享和包座代码共享。

完全代码共享，指共享航空公司和承运航空公司用各自的航班号共同销售同一航班，而不限制各自的座位数。

包座代码共享，指共享航空公司和承运航空公司达成合作协议，购买承运航空公司某一航班的固定座位数，共享航空公司只能在此范围内用自己的航班号进行销售。

五、航班时刻表

航空企业根据市场需求、本企业运输能力以及有关部门的飞行保障条件和能力，经民航局协调后，决定每个航班的班次（每周几个航班）、班期（每周的哪几天飞行）和班期时刻（每个航班在起点航站、终点航站和每个经停航站的起飞和着陆时间），向社会公布（见表1.24）。承运人的航班时刻不得任意变更，如承运人为保证飞行安全、急救等特殊需要，可依照规定的程序进行调整。

航班时刻表一年发布两次，分别为夏秋季和冬春季。夏秋季时刻表从每年3月的最后一个星期日开始实施；冬春季时刻表从每年10月的最后一个星期日开始实施。

表1.24 上海—北京航班时刻表

1 航班号	2 起飞机场	3 到达机场	4 离站时间	5 到达时间	6 机型	7 经停	8 餐食	9 班期	10 运营期限	11 舱位
CZ8882	PVG	PKX	0755	1010	JET	0	R		11AUG29OCT	JCDIOWSYPBMHKUALQ*
*MF4704	PVG	PKX	0755	1010	JET	0	R		11AUG29OCT	JCDIOWSYPBMHKUALQ*
*MF3140	SHA	PEK	0810	1025	33E	0	B	4	11AUG11AUG	YBMLNVT
MU5101	SHA	PEK	0810	1025	33E	0	B	4	11AUG11AUG	JCDQIOYBMEHKLNRSV
HU7604	SHA	PEK	0820	1040	738	0	O		11AUG19AUG	CDZIRJYBHKLMXVNQE
*ZH1590	SHA	PEK	0855	1120	789	0	S	X2	11AUG18AUG	JYBMUQVWST
CA1590	SHA	PEK	0855	1120	789	0	S	X2	11AUG18AUG	JCDZRIGEYBMUHQVWS*

1. 航班号：执行本次飞行的航班号

民航发展初期，主要由民航局直属航空公司承担，按区域划分飞行任务，航班号非常规律。如表1.24中的MU5101和CA1590。近年来，随着新兴航空公司和航班越来越多，不少航班号不能完全套用原来规律，但也可发现往返程的规律。

"*"表示该航班是代码共享航班。例如，*MF4704出票航空公司是MF，*MF4704与CZ8882的离站时间、到达时间、机型等信息相同，实际承运该航班的是CZ。同理，*MF3140实际承运航空公司是MU，*ZH1590实际承运航空公司是CA。

2. 起飞机场：出发地的机场

CZ8882航班和代码共享航班 *MF4704，从上海浦东机场PVG出发，其余航班都从上海虹桥机场出发。

3. 到达机场：目的地的机场

CZ8882航班和代码共享航班 *MF4704，到达北京大兴机场PKX，其余航班都降落在北京首都国际机场 PEK。

4. 离站时间：航班关闭舱门的时间，出发地的当地时间

离站时间一般用 24 小时制表示。

5. 到达时间：预计到达目的站的时间，目的地的当地时间

到达时间一般用 24 小时制表示。国内航班，出发地和到达地统一使用北京时间。若国际航班的两地不在同一个时区，则会存在时差。

6. 机型：执行本次飞行任务的飞机机型代码

JET 表示喷气式飞机，机型未定；32E 是空客 320 系列的机型；789 是波音 787 系列的机型。

飞机按客舱通道数可分为宽体飞机和窄体飞机。客舱有两条走道的称为宽体机；客舱只有一条走道的称为窄体机。目前常见机型的分类见表 1.25。

表 1.25　宽体机和窄体机的归类

飞机制造商	宽 体 机	窄 体 机
中国商飞		ARJ21/C919
空客	300/310/330/340/350/380	320 系列（318/319/320/321）
波音	747/767/777/787	737/757
麦道	MD11	MD90/MD82

7. 经停点：飞行计划中航班停站的次数

表 1.24 中，所有航班都没有经停点。目前随着中国社会经济的发展，人们的出行需求增强，越来越多的航班不需要通过增加经停点来提高飞机载运量。

8. 餐食：本次航班提供的机上餐食

表 1.26 是机上餐食的常见表示。

表 1.26　餐食表示

代码	英文名称	中文名称	代码	英文名称	中文名称
B	breakfast	早餐	M	meal	正餐
H	hot	热的膳食	O	cold	冷的膳食
D	dinner	晚餐	R	refreshment	茶点
L	lunch	午餐	S	snack	点心

9. 班期：航班在一周时间内的执行情况

此处空白，或"1234567"，或"DAILY"，都表示每天都有航班；"4"，表示只有周四有航班；"X2"，表示除了周二都有航班。

10. 运营期限：航班适用的时间段

11AUG29OCT，在 8 月 11 日至 10 月 29 日期间，航班按此时刻表信息执行。

11AUG11AUG，在 8 月 11 日当天，航班按此时刻表信息执行。

月份表示见表 1.27。

表 1.27　月份表示

简写	英文全称	中文释义	简写	英文全称	中文释义
JAN	January	一月	JUL	July	七月
FEB	February	二月	AUG	August	八月
MAR	March	三月	SEP	September	九月
APR	April	四月	OCT	October	十月
MAY	May	五月	NOV	November	十一月
JUN	June	六月	DEC	December	十二月

11. 舱位

"*"表示该航班还有舱位没有完全显示。

目前不同航空公司的舱位设置有很大的差异，但也有类似之处，例如 F/P/A 常表示头等舱，C/D/J 常表示公务舱，Y 表示经济舱。由表 1.24 可知，*MF3140 只提供经济舱一个服务等级，而其他航班提供公务舱和经济舱两个服务等级。

❀❀ 本节练习 ❀❀

一、单项选择题

1. 航线确定了飞机飞行的（　　　），还规定了航线的宽度和飞行高度。

　　A. 方向、起止点　　　　　　　　　B. 方向、起止点和经停点

　　C. 方向、区域　　　　　　　　　　D. 区域、起止点

2. CAN—KWE 航线属于（　　　）。

　　A. 国内干线　　　　　　　　　　　B. 国际航线

　　C. 地区航线　　　　　　　　　　　D. 国内支线

3. 班次是在单位通常为（　　　）的时间内飞行的航班次数。

　　A. 三天　　　　　　　　　　　　　B. 一周

　　C. 一个月　　　　　　　　　　　　D. 一季度

4. 国际航班编号一般是由执行航班任务的航空公司二字英文代码和（　　　）个阿拉伯数字组成。

　　A.　　　　　　　　　　　　　　　B. 二

　　C. 三　　　　　　　　　　　　　　D. 四

5. 下列是 CAN—SHE 的航班号码为（　　　）。

　　A. CZ3601　　　　　　　　　　　　B. CA1302

        C. CZ3632　　　　　　　　　　　D. MU5301

6. 航班时刻表分为（　　　）两季。

    A. 春夏季和秋冬季　　　　　　　B. 夏秋季和冬春季

    C. 春节和秋季　　　　　　　　　D. 夏季和冬季

7. 航班的离站时间指的是（　　　）。

    A. 飞机关舱门的时间　　　　　　B. 飞机开舱门的时间

    C. 飞机开始滑行时间　　　　　　D. 飞机起飞离地时间

8. 下列为宽体飞机的是（　　　）。

    A. B767　　　　　　　　　　　　B. B757

    C. MD82　　　　　　　　　　　　D. MD90

二、判断并改错

1. 民航从事运输飞行必须按照规定的线路进行，连接两个或几个地点，进行定期飞行的航空线叫航线。　　　　　　　　　　　　　　　　　　　　（　　　）

2. 飞行路线的起止点、经停点不在同一国家的航线，叫地区航线。　（　　　）

3. 航班分去程航班和回程航班。去程航班一般是指返回基地站的运输飞行，回程航班指从基地站出发的运输飞行。　　　　　　　　　　　　　　　　（　　　）

4. 中国国内航班的航班号第一位数字，表示执行该航班任务的航空公司或所属管理局，如国航用数字 3 表示。　　　　　　　　　　　　　　　　　　（　　　）

5. 中国国内航班的航班号码第四位数字若为奇数，则表示该航班为回程航班，若为偶数，则为去程航班。　　　　　　　　　　　　　　　　　　　　　（　　　）

6. 中国国际航班的航班号第一位数字，表示执行该航班任务的航空公司或所属管理局，如东航用数字 5 表示。　　　　　　　　　　　　　　　　　　（　　　）

7. 一个飞行班次指航线从始发点到终点的一次飞行，以航班号为准，如果是同一航班号，可根据其经停点的多少，统计为多个班次。　　　　　　　　　（　　　）

三、填表题

根据航程信息填写航班号未完成部分。

航　程	承运人	第 1 位数字	第 2 位数字	去程 01 回程 02
SHA—CAN		3		
PEK—PVG	MU			
SHA—PEK		1		
CTU—SHA		5		
CAN—SHE	CZ			
PEK—CAN	CA			

四、问答题

根据图 1.31 回答 1~5 题。

```
1   MU5774  TAOKMG 1435   1755   737 0 S  E   X247 06OCT25OCT FAYKBEHLMN
2   MU5774  TAOKMG 2010   2340   733 0    E   X257 27OCT28MAR FAYKBEHLMN
3  *CA4695  TAOKMG 0750   1230   738 1 S  E   127  26OCT28OCT YBMHKLQGSN
4   SC4695  TAOKMG 0750   1230   738 1 S  E   127  26OCT28OCT FAOYBMHKLQ
5  *CA4695  TAOKMG 0750   1230   738 1 S  E   345  29OCT31OCT YBMHKLQGSN
6  *CA4695  TAOKMG 0750   1230   738 1 S  E   X127 22OCT25OCT YBMHKLQGSN
7   SC4695  TAOKMG 0750   1230   738 1 S  E   X127 22OCT31OCT YBMHKLQGSX
8+  MU5437  TAOKMG 1445   1945   320 1 S  E        26OCT28MAR FAYKBEHLMN
```

图 1.31　航班时刻表

1. 序号 8 的航班（MU5437）的餐食标志 S 表示什么？

2. 序号 3 的航班（*CA4695）和序号 4 的航班（SC4695）是什么关系？

3. 序号 5 的航班（*CA4695）设置的服务等级有哪些？

4. MU5774 在 2 月期间，周几有航班？

5. 航班时刻表分为两季，该时刻表应为哪一季？

根据图 1.32 回答 6~10 题。

```
1   CZ6261   DLCCAN  1110   1435   M90 0 L  E        29MAR    DS#  FAPCDIJYTK
2   CZ3604   DLCCAN  1735   2105   320 0 D  E        29MAR    DS#  FAPCDIJYTK
3   HU7244   DLCCAN  0800   1230   733 1    E        29MAR240CT    FCAYBHKLMQ
4   CZ3608   DLCCAN  1550   2025   733 1 C  E        29MAR    DS#  FAPCDIJYTK
5   CZ6433   DLCCTU  0750   1155   319 1 B  E        29MAR    DS#  FAPCDIJYTK
    CZ3414    CAN    1655   1855   738 0 D  E                 DS#  FAPCDIJYTK
6   CA961    DLCPEK  0820   0940   733 0 S  E   X24  29MAR240CT    FAPCYBMHKL
+   CA1327    CAN    1400   1655   321 0 S  E                 DS#  FAYBMHKLQG
```

图 1.32　航班时刻表

6. 执行大连至广州的航班任务的机型，有宽体机吗？

_____

_____

_____

7. CZ6261 航班的飞行时间是多少？

_____

_____

_____

8. HU7244 航班是否有经停点？

_____

_____

_____

9. 序号 5 和 6 的航班是转机航班，转机点分别是哪里？

_____

_____

_____

10. 国内航班号应为四位数，此处为何出现三位数的航班 CA961？

_____

_____

_____

第二章 客票识读

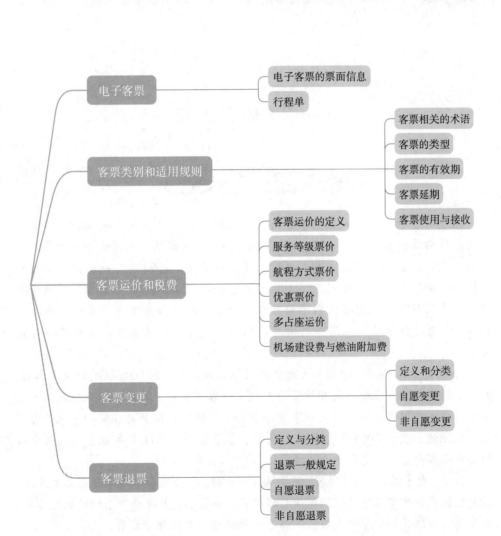

- 电子客票
  - 电子客票的票面信息
  - 行程单

- 客票类别和适用规则
  - 客票相关的术语
  - 客票的类型
  - 客票的有效期
  - 客票延期
  - 客票使用与接收

- 客票运价和税费
  - 客票运价的定义
  - 服务等级票价
  - 航程方式票价
  - 优惠票价
  - 多占座运价
  - 机场建设费与燃油附加费

- 客票变更
  - 定义和分类
  - 自愿变更
  - 非自愿变更

- 客票退票
  - 定义与分类
  - 退票一般规定
  - 自愿退票
  - 非自愿退票

本章学习目标

知识目标：理解客票的含义，知晓航空公司本票与中性客票、国际客票与国内客票、定期客票与不定期客票的差异；理解与客票相关的诸如承运人、代理人和旅客等术语；理解客票有效期、延期、使用和接收的一般规定；理解自愿变更和非自愿变更、自愿退票和非自愿退票的区别。

能力目标：识读电子客票票面和行程单的主要信息；识读不同服务等级运价和不同航程类型运价的客票，识读各类优惠运价的客票；解读客票变更和退票的规则，能给予改期、签转、升降舱以及退票等客票处理的简单建议。

素养目标：通过各类客票众多票面栏目的阅读和识别，培养严谨细致的工作习惯；通过客票使用、变更和退票的规则，培养遵守规章和制度的职业意识。

第一节　电子客票

引例　电子客票的前世今生

1993 年，世界上第一张电子客票在美国瓦卢杰航空公司（Valuejet，1996 年发生空难后被合并）诞生。不愧为"超值飞机"，这家航空公司除了给乘客发一包花生之外，在减少机票成本上也做出了大胆尝试。1994 年，全球最大的廉价航空——美国西南航空公司（Southwest Airlines，代码 WN）全面推广了电子客票。机票销售体制改变后，网上订票成本大幅下降，仅为纸质客票销售成本的10%。在国际航协"简化商务"项目的积极推动下，电子客票在全球迅猛发展起来。

2000 年 3 月 28 日，中国南方航空公司推出国内第一张 B2C 模式的电子客票，搭建了网上销售、在线支付相结合的南航电子客票系统。之后中国民航业兴起无纸化运动，中国国际航空公司和东方航空公司等国内航空公司相继加入电子客票的时代潮流，直至 2006 年全行业实现电子客票推广，2011 年年底我国成为全球航空电子客票普及率达到 100% 的国家。

当下，电子客票"一证通行"逐步从航空向铁路、公路和水路等交通方式发展，信息化技术的优势正惠及交通运输领域的方方面面，大大提升了人们的出行体验，数字化、网络化和智能化也有力支撑了交通运输行业高质量发展。

一、电子客票的票面信息

电子客票的栏目繁杂（见图 2.1），为系统掌握票面信息，将其划分为以下三个模块，便于学习。

```
>DETR TN/999-6735889826
ISSUED BY:   AIR CHINA                    ORG/DST:   SHA/CTU                    BSP-D
E/R:Q/不得签转/改退收费
TOUR CODE:                                                          'RECEIPT PRINTED'
PASSENGER:   赵爱华
EXCH:                                       CONJ   TKT:
O FM:1PVG   CA   4504   W   25AUG   1130   OK   W/CA2   25AUG2/25AUG2   20K   OPEN FOR USE
      T2T2   RL:MZHHDG /HEHM8Y1E
  TO:   CTU
FC: A/25AUG22PVG CA CTU1000.00CNY1000.00END
FARE:                CNY   1000.00|FOP:CASH
TAX:                 CNY   50.00CN|OI:
TAX:                 CNY 140.00YQ|
TOTAL:               CNY   1190.00|TKTN:999-6735889826
```

图 2.1 电子客票票面

1. 票头信息

票头信息包括 10 个栏目（见图 2.2）。

```
>DETR TN/999-6735889826 ①
ISSUED BY:  AIR CHINA ②          ORG/DST:  SHA/CTU ③          ④ BSP-D
E/R:Q/不得签转/改退收费 ⑤
TOUR CODE: ⑥                                           ⑦ 'RECEIPT PRINTED'
PASSENGER:  赵爱华 ⑧
EXCH: ⑨                              CONJ  TKT: ⑩
```

图 2.2 电子客票票头信息

1）提取票面指令（DETR）

电子客票是纸质客票的数字化，在订座系统中通过指令 DETR:TN/ 票号，可以提取电子客票的票面信息。

2）出票承运人（ISSUED BY）

一般默认航程第一个航段承运的航空公司为出票承运人，本例中出票承运人是国航 CA。出票承运人对电子出票进行业务管理和授权，并以电子数据形式追踪一个旅客运输的全过程。

3）始发地 / 目的地（ORG/DST）

整个航程的始发地和目的地，注意此处是城市三字代码。若该地的机场代码与城市代码不一致，就存在代码的差异。本例从上海出发，目的地是成都。

4）客票销售类型（BSP 或 ARL）

BSP 是国际航协开账与结算计划 billing and settlement plan 的简写；D 代表国内 domestic；BSP-D 是指国际航协推出的国内中性客票。客票销售类型有四种，见表 2.1，本章第二节将详细介绍。

表 2.1 电子客票销售类型代码

BSP-D	国内中性票	BSP-I	国际中性票
ARL-D	航空公司国内本票	ARL-I	航空公司国际本票

5）签注信息（E/R）

使用整本客票或某一乘机联时需要特别注明的事项，常见的签注信息有："不得签转"，即不能更换航空公司；"改退收费"，指变更客票或退票，必须根据票价使用规定收取相应费用。

6）旅游编号（TOUR CODE）

航空公司销售营业部推出的优惠运价的产品编号，国内客票通常此处空白。

7）行程单打印情况

行程单没有打印，此处空白；行程单已打印，显示"RECEIPT PRINTED"。

8）旅客姓名（PASSENGER）

客票上的旅客姓名，需与旅客所持旅行证件的姓名一致，而且姓氏在前，名字在后。在国内机票，姓名由汉字或英文字母组成；在国际机票，只可用英文字母。若输入英文字母，姓与名之间需用斜线"/"分开。在旅客姓名后留一空位，可输入旅客称谓。若称谓中包含数字，则使用（　　　）。

【例】赵爱华

赵爱华

【例】MR.WILLIAM. HENRY HARRISON

HARRISON/WILLIAM HENRY MR

【例】张迪（未满 12 周岁的儿童旅客）

张迪 CHD

【例】李明（8 岁无成人陪伴儿童）

李明（UM08）

9）换开凭证（EXCH）

EXCH 是换开 EXCHANGE 的简写。若不涉及客票换开，此处空白。

若涉及补差价或升舱等换开业务，必须填入换开前客票的票号。

10）连续客票（CONJ TKT）

CONJ TKT 是连续客票 Conjunction Tickets 的简写。若航程只使用一本客票，此处空白。

若全航程使用两本（含）以上客票时，在每一本客票的此栏内填写全部客票的所有客票号。连续客票必须具有相同的票证代号，使用票联数相同的客票，并且按序号顺序衔接使用组成。

2. 航班信息

航班信息包括 13 个栏目（见图 2.3）。

图 2.3　电子客票航班信息部分

1）停留情况

字母"O"表示停留超过 24 小时，字母"X"表示停留不超过 24 小时。

2）航程

"1"是指全航程中的第一个航程。

FM：PVG 指从上海浦东机场出发，TO:CTU 指到达成都双流机场，注意此处是机场代码。

T2T2 表示从浦东机场的 2 号航站楼出发，到达成都双流机场的 2 号航站楼。若显示"T2-"意为从出发机场 2 号航站楼离站；"-T2"意为降落到达机场的 2 号航站楼。此处空白，出发机场和到达机场一般只有一个航站楼运营，所以不标注航站楼信息。

3）承运人

承运该航班的航空公司两字代码，指定承运人时应填入承运人的二字代码；没有指定承运人的不定期客票，此栏为 YY。

4）航班号

已申请座位或订妥座位的航班号，本例是国航的 4504 航班。

5）舱位等级

已申请座位或订妥座位的舱位等级代号，W 是国航经济舱的折扣舱位。

6）乘机日期

已申请座位或订妥座位的乘机日期。25AUG，乘机日期为 8 月 25 日。日期在前，用两位数字表示；月份在后，用英文的月份简语表示。

7）离站时间

已申请座位或订妥座位的航班离站时间，为航班始发地的当地时间，且以 24 小时制表示。

8）订座情况

订座情况代码见表 2.2。

表 2.2　订座情况代码

OK	座位已订妥
RQ	已申请订座但尚未确认，或列入候补
NS	婴儿不占座
SA	运价或规定不允许订座，利用空余座位
OPEN	不定期客票，未申请订座或未订妥座位

9）运价基础

旅客所支付票价的级别及折扣代号。

【例】经济舱的成人全票价　　Y

【例】经济舱的儿童票价　　　YCH50

【例】经济舱的婴儿票价　　　YIN10

【例】经济舱的 75 折票价　　Y75

【例】国航 W 舱特殊票价　　W/CA2

10）客票生效日期

有效期为一年的客票不显示此栏。当客票的有效期因票价或限制条件的制约不足一年时，须在此栏内填写有效期的生效和截止日期。

本例中第一个 25AUG 是生效日期，指在 2022 年 8 月 25 日之前无效；第二个 25AUG 是截止日期，指在 2022 年 8 月 25 日之后无效。此处的 2 是取 2022 年的最后一个数字，指代 2022 年。本例客票的签注信息没有标注 "不得更改"，那么收取相应的改期费后，能更改有效期。

11）免费行李额

旅客所持客票的座位等级或所付票价享受的免费行李额，K 是千克 KG 的缩写，一般头等舱 40K、公务舱 30K、经济舱 20K。国内航班买不占座的婴儿票，大多没有免费行李额，即 "NIL"，也有部分航空公司出于人性化照顾，给予 "10K" 的免费行李额。

12）电子客票状态

电子客票的常见状态见表 2.3。只有在电子客票状态为 "OPEN FOR USE" 的情况下，才可以进行变更、改签、退票以及换开等系列操作。如电子客票状态为 "CHECKED-IN"，需要值机人员删除旅客的接收记录，使状态恢复为 "OPEN FOR USE"。

表 2.3　电子客票的常见状态

编号	客票状态	状态代码	说　明
1	OPEN FOR USE	O	客票有效，未使用
2	SUSPENDED	S	系统处理（挂起），客票禁止使用
3	VOID	V	客票已作废
4	REFUNDED	R	客票已退票
5	CHECKED-IN	C	（旅客）已办理值机手续
6	LIFT/BOARDED	L	（旅客）已登机
7	USED/FLOWN	F	客票已使用
8	AIRP CNTL/YY	A	航段控制权在 YY 航空公司处
9	CPN NOTE	N	信息航段没有控制权
10	EXCHANGED	E	客票换开成纸质客票
11	PRINT/EXCH	P	客票已打印换开成纸质客票
12	FIM EXCH	G	电子客票已换开为 FIM 单

13）记录编号

同一个订座记录，在不同系统中有不同的记录编号。本例，在航空公司直销系统的订座记录编号是 MZHHDG，在代理人分销系统中的订座记录编号是 HEHM8Y。

RL 为航空公司 AIRLINE 的简写，指代航空公司直销系统。

1E 为中国代理人分销系统的简写，如果客票在直销系统中出票，也就是航空公司本票，此处空白。

3. 票款信息

票款信息包括 7 个栏目（见图 2.4）。

```
FC: A/25AUG22PVG CA CTU1000.00CNY1000.00END  ❶

FARE:        ❷  CNY  1000.00|FOP:CASH  ❺

TAX:         ❸  CNY  50.00CN|OI:  ❻

TAX:            CNY140.00YQ|

TOTAL:       ❹  CNY  1190.00|TKTN:999-6735889826  ❼
```

图 2.4 电子客票票款信息部分

1）票价计算（FC）

FC 是票价计算 Fare Calculation 的简写，显示全航程票价（即下一栏 FARE）的计算过程或使用依据。输入格式如下，其中 "A"（Automatic）表示系统自动输入票价信息；若此处为 "M"（Manual）则表示工作人员手工输入票价信息。

FC: A/ 始发站 承运人 目的地 本航段票价 第二段承运人 第二段目的地 本航段票价（如航段数多，重复）CNY 总额 END

【例】单程的票价计算

FC: A/SHA CA PEK1960.00CNY1960.00END

【例】两个航程的票价计算

FC: A/SHA CA PEK1960.00CA CAN3060.00CNY5020.00END

2）票价（FARE）

全航程的票价总额，与票价计算（FC）的总额一致。CNY 是人民币的货币代码。

3）税费（TAX）

显示购票人应缴纳的税款金额数和税款征收国的税款代码。

目前国内运输收取的税费为机场建设费（代码为 CN）和燃油附加费（代码为 YQ）。当其中一项税费不收取时，其金额部分显示为 EXEMPT，如婴儿和儿童免收机场建设费 CNYEXEMPTCN，如婴儿免收燃油附加费 CNYEXEMPTYQ。

4）总额（TOTAL）

显示将票价栏的金额加上税款栏的金额计得的总金额，也就是旅客购买机票应支付的票款。本例中的总金额是，票价 1000 元加上机场建设费 50 元和燃油附加费 140 元，应为 1190 元。

5）付款方式（FOP）

显示旅客付款方式的代号。本例使用现金付款，常见的付款方式代号见表2.4。

表 2.4　付款方式代号

代　　号	付款方式
CASH	现金
CHECK/CHEQUE	支票
TKT	客票
MCO	旅费证
PTA	预付票款通知
CC/ 卡号	信用卡代号及卡号

6）原出票信息（OI）

如果客票是换开的，在新客票此栏显示原客票的号码、出票城市、销售日期和售票处的航协号，例如 OI: 781-8198381726 SHA 01JAN21 08300090。与此同时，换开凭证（EXCH）应也填入换开前客票的号码。

7）客票号码（TKTN）

显示当前客票的客票号码。国内客票的号码由 13 位数字组成，前 3 位数字为航空公司的结算代码，如国航的结算代码是 999。

二、行程单

航空运输电子客票行程单简称行程单（见图 2.5），是由国家税务总局监制，并按照《中华人民共和国发票管理办法》纳入税务机关发票管理。

图 2.5　航空运输电子客票行程单

1. 行程单的应用范围

行程单作为国家规定的旅客购买国内航空运输电子客票的付款及报销凭证，只适用于在中国境内销售电子客票时向旅客开具。

2. 行程单的使用规定

（1）行程单作为旅客购买电子客票的付款凭证或报销凭证，同时具有提示旅客行程的作用。

（2）行程单采用一人一票制，不作为机场办理乘机手续和安全检查的必要凭证使用，旅客凭有效身份证件办理乘机手续。

3. 行程单的打印规定

（1）客票全部航段使用后超过 7 天则不能打印行程单；如果该客票未使用，则在一年有效期内可以打印行程单。

（2）不可重复打印，遗失不补。如遇到错打误打现象，需要将错打报销凭证作废，重新打印一张，相应的报销凭证号不可再用。

（3）各销售单位必须依据电子客票旅客信息打印行程单，不得虚假打印或将行程单挪作他用。

（4）旅客发生退票或其他客票变更导致票价金额与原客票不符时，若已打印行程单，要将原行程单退回，方能为其办理有关手续。

❦ 本节练习 ❦

一、单项选择题

根据图 2.6 所示电子客票的票面信息，完成单项选择题。

```
▶DETR:TN/880-5440202024
ISSUED BY: HAINAN AIRLINES          ORG/DST: SYX/CAN              ARL-D
E/R: 不得签转
TOUR CODE:                                          「RECEIPT PRINTED」
PASSENGER: 宋玲玲
EXCH:                             CONJ TKT:
O FM:1SYX HU    7021  M 16DEC 2310 OK Y70S              20K CHECKED IN
        RL:BQH3M   /        1E
  TO: CAN
FC: 16DEC10SYX HU CAN560.00CNY560.00END
FARE:          CNY 560.00 |FOP:CHECK
TAX:           CNY 50.00CN|OI:
TAX:           CNY 40.00YQ|
TOTAL:         CNY 1800.00|TKTN: 880-5440202024
```

图 2.6 票面信息

1. 该客票的出票航空公司是（　　　）。
   A. 上海航空 　　　　　　　　　　　B. 东方航空
   C. 厦门航空 　　　　　　　　　　　D. 海南航空

2. ARL-D 应解释为（　　　）。
   A. 航空公司国内本票 　　　　　　　B. 航空公司国际本票
   C. 国内中性客票 　　　　　　　　　D. 国际中性客票

3. 该客票的票号是（　　　）。
   A. 866-5440202024 　　　　　　　　B. 880-5440202024
   C. 883-5440202024 　　　　　　　　D. 878-5440202024

4. 此机票的限制条件为（　　　）。
   A. 不得更改 　　　　　　　　　　　B. 不得退票
   C. 不得签转 　　　　　　　　　　　D. 不得更换路线

5. RECEIPT PRINTED 意思是（　　　）。
   A. 已出票 　　　　　　　　　　　　B. 已换登机牌
   C. 已打印报销凭证 　　　　　　　　D. 已报销

6. 该电子客票的状态是（　　　）。
   A. 可供使用 　　　　　　　　　　　B. 已换登机牌
   C. 已登机 　　　　　　　　　　　　D. 已使用

7. 旅客用（　　　）支付票款。
   A. 现金 　　　　　　　　　　　　　B. 信用卡
   C. 支票 　　　　　　　　　　　　　D. 旅费证

8. 旅客订座舱位是（　　　）。
   A. M 　　　　　　　　　　　　　　B. Y
   C. S 　　　　　　　　　　　　　　D. B

9. 旅客托运的免费行李额是（　　　）kg。
   A. 0 　　　　　　　　　　　　　　B. 20
   C. 30 　　　　　　　　　　　　　D. 40

10. 客票有一处错误，在（　　　）栏目。
    A. ORG/DST 　　　　　　　　　　B. FC
    C. FARE 　　　　　　　　　　　　D. TOTAL

二、问答题

根据图 2.7 所示电子客票行程单，回答以下问题。

1. 旅客姓名＿＿＿＿＿＿＿＿＿＿＿＿，身份证号＿＿＿＿＿＿＿＿＿＿＿＿＿＿。
2. 航班号＿＿＿＿＿＿＿＿＿＿＿＿＿，航程＿＿＿＿＿＿＿＿＿＿＿＿＿＿＿＿。
3. 客票号码＿＿＿＿＿＿＿＿＿＿＿＿，订座记录编号＿＿＿＿＿＿＿＿＿＿＿＿。
4. 舱位等级（即座位等级）＿＿＿＿＿，签注信息＿＿＿＿＿＿＿＿＿＿＿＿＿＿。

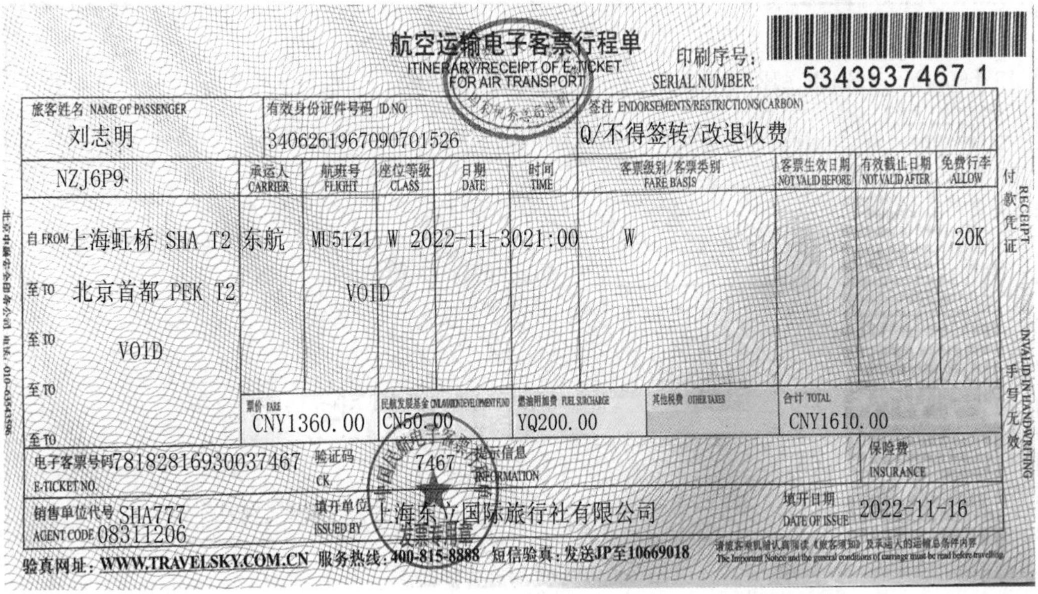
航空运输电子客票行程单
ITINERARY/RECEIPT OF E-TICKET FOR AIR TRANSPORT
印刷序号：SERIAL NUMBER: 5343937467 1

旅客姓名 NAME OF PASSENGER	有效身份证件号码 ID.NO.	签注 ENDORSEMENTS/RESTRICTIONS(CARBON)
刘志明	340626196709070l526	Q/不得签转/改退收费

NZJ6P9	承运人 CARRIER	航班号 FLIGHT	座位等级 CLASS	日期 DATE	时间 TIME	客票级别/客票类别 FARE BASIS	客票生效日期 NOT VALID BEFORE	有效截止日期 NOT VALID AFTER	免费行李 ALLOW
自 FROM 上海虹桥 SHA T2	东航	MU5121	W	2022-11-30	21:00	W			20K
至 TO 北京首都 PEK T2		VOID							
至 TO VOID									
至 TO									
至 TO									

票价 FARE	民航发展基金 CIVIL AVIATION DEVELOPMENT FUND	燃油附加费 FUEL SURCHARGE	其他税费 OTHER TAXES	合计 TOTAL
CNY1360.00	CN50.00	YQ200.00		CNY1610.00

电子客票号码 E-TICKET NO. 78182816930037467　验证码 CK. 7467　提示信息 INFORMATION　保险费 INSURANCE
销售单位代号 AGENT CODE SHA777 08311206　填开单位 ISSUED BY 上海东立国际旅行社有限公司　填开日期 DATE OF ISSUE 2022-11-16
验真网址：WWW.TRAVELSKY.COM.CN 服务热线：400-815-8888 短信验真：发送JP至10669018
请旅客乘机前认真阅读《旅客须知》及承运人的运输总条件内容 The Important Notice and the general conditions of carriage must be read before travelling.
付款凭证 RECEIPT　手写无效 INVALID IN HANDWRITING

图 2.7　行程单（1）

5. 税费种类和金额____。

6. 票价____________________，票款（票款总额即合计）________________。

7. 购票日期____________________，航班日期______________________。

三、填空题

根据图 2.8 所示行程单，填写电子客票相关内容。

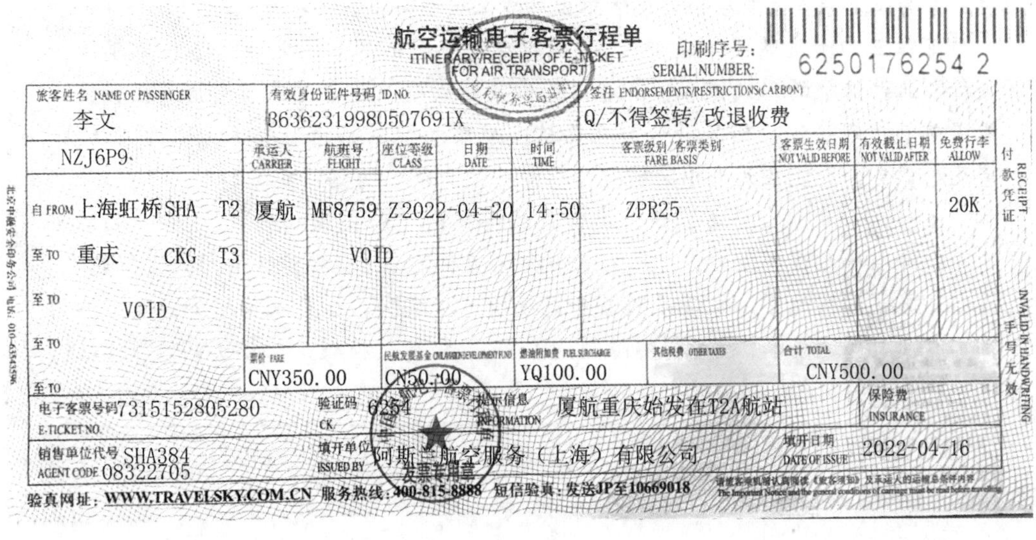
航空运输电子客票行程单
ITINERARY/RECEIPT OF E-TICKET FOR AIR TRANSPORT
印刷序号：SERIAL NUMBER: 6250176254 2

旅客姓名 NAME OF PASSENGER	有效身份证件号码 ID.NO.	签注 ENDORSEMENTS/RESTRICTIONS(CARBON)
李文	36362319980507691X	Q/不得签转/改退收费

NZJ6P9	承运人 CARRIER	航班号 FLIGHT	座位等级 CLASS	日期 DATE	时间 TIME	客票级别/客票类别 FARE BASIS	客票生效日期 NOT VALID BEFORE	有效截止日期 NOT VALID AFTER	免费行李 ALLOW
自 FROM 上海虹桥 SHA T2	厦航	MF8759	Z	2022-04-20	14:50	ZPR25			20K
至 TO 重庆 CKG T3		VOID							
至 TO VOID									
至 TO									
至 TO									

票价 FARE	民航发展基金 CIVIL AVIATION DEVELOPMENT FUND	燃油附加费 FUEL SURCHARGE	其他税费 OTHER TAXES	合计 TOTAL
CNY350.00	CN50.00	YQ100.00		CNY500.00

电子客票号码 E-TICKET NO. 7315152805280　验证码 CK. 6254　提示信息 INFORMATION 厦航重庆始发在T2A航站　保险费 INSURANCE
销售单位代号 AGENT CODE SHA384 08322705　填开单位 ISSUED BY 阿斯兰航空服务（上海）有限公司　填开日期 DATE OF ISSUE 2022-04-16
验真网址：WWW.TRAVELSKY.COM.CN 服务热线：400-815-8888 短信验真：发送JP至10669018
付款凭证 RECEIPT　手写无效 INVALID IN HANDWRITING

图 2.8　行程单（2）

```
>DETR:TN/_____
ISSUED BY: XIAMEN AIR                    ORG/DST:____/____                BSP-D
E/R:_____
TOUR CODE:
PASSENGER: _____
EXCH:                                    CONJ TKT:
O FM:1_____MF 8759 Z_____1450 OK _____      ___K    OPEN FOR USE
T2T3        RL: _____/HEHV6X1E
O TO:

FC:A/20APR2SHA MF CKG_____ CNY_____ _____END
FARE:       CNY_____ | FOP:CASH(CNY)
TAX:        CNY_____ | OI:
TAX:        CNY_____ |
TOTAL:      CNY_____ | TKTN: _____
```

第二节　客票类别和适用规则

引例　"随心飞"想飞就飞？

　　2020 年，新型冠状病毒感染席卷全球，整个航空业遭遇"黑天鹅"。冲击之下航空业积极开展自救，航空公司推出的花式促销活动多如繁星。东方航空、华夏航空、海南航空等各大航空公司先后推出"随心飞"套票，市场反应热烈。

　　花费三四千元购买"随心飞"，就能在一段时间里、一定条件下，不限次数飞行。通过这样的形式揽客，既能以低价策略吸引消费者首选航空形式出行，又能提前锁定现金流，回笼资金。在飞机上座率本就不高的形势下，通过"让价"惠及消费者，更能在无形中为航空公司赚一波口碑，可谓一举多得。

　　然而，对于航空公司来讲，类似产品终究是"赔钱赚吆喝"。这些产品的平均客单价在八九百元左右，用户飞三四次就回本了，这也就意味着用户飞得越多，航空公司就亏得越多。尤其是随着新冠疫情形势缓和，出行人次增加，航空公司为了不损失普通旅客，就不得不限制"随心飞"旅客兑换数量，从而导致"随心飞"服务质量大打折扣。

一、客票相关术语

1. 客票

　　客票是指由承运人或代表承运人（即销售代理人）所填开的被称为"客票及行李票"（Passenger and Baggage Ticket）的运输凭证。它是承运人和旅客订立航空运输合同的初步证据，是承运人之间进行业务处理和财务结算的凭证，也是旅客乘坐飞机、托运行李的凭证。

2. 承运人

承运人是指包括填开客票的航空承运人和承运或者约定承运该客票上所载明旅客及其行李的所有航空承运人。

3. 承运人规定

承运人规定是指除承运人的运输条件外，承运人为对旅客及其行李的运输进行管理，依法制定而公布的并于填开客票之日起有效的规定，包括有效的适用票价。

4. 销售代理人

销售代理人是指从事民用航空运输销售代理业务的企业。

5. 授权代理人

授权代理人是指已由承运人指定并代表该承运人为其航班进行旅客航空运输销售的旅客销售代理人；经其授权后为其他航空承运人进行旅客航空运输销售。

6. 地面服务代理人

地面服务代理人是指从事民用航空运输地面服务代理业务的企业。

7. 承运人地面服务代理人

承运人地面服务代理人是指已被承运人指定为其航班提供地面服务的代理人。

8. 国内运输的定义

国内运输是指根据旅客运输合同，其出发地、约定经停地和目的地在同一国家领土内（中华人民共和国境内）的航空运输。

9. 国际运输的定义

国际运输是指根据当事人订立的航空运输合同，无论运输有无间断或者有无运转，运输的出发地点、约定经停地点和目的地点之一不在同一国家领土内（中华人民共和国境内）的航空运输。

10. 旅客

旅客是指除机组成员以外经承运人同意在航空器上载运或者已经载运的任何人。

二、客票的类型

1. 按照票本保存形式，分为电子客票和纸质客票

1）电子客票

电子客票是由承运人或代表承运人销售的，不通过纸票来实现客票销售、旅客运输、票证结算以及相关服务，以电子数据形式存储的有价凭证，是纸质客票的电子替代产品。

电子客票的用途与普通纸质客票相同，不同的是电子客票的所有数据，如旅客航程、运价、舱位等级、支付方式和税费等信息均以电子数据的形式存储在出票航空公司的电了记录中，以数据交换替代纸票交换。

电子客票系统是建立在订座、离港、结算系统上的综合性系统。它不仅能够完全实现传统纸票的所有功能，而且在订座、离港、结算等方面有更全面、安全、快捷便利的发展。电子客票使得出票、值机、结算的流程电子化，即工作人员每一次打票的同时在主机的系统里生成一个相应的电子数据记录。这种电子信息能够在订票、离港、结算之间安全、快速、准确地传递，且便于检索和查询，从整体上提高了航空公司的管理水平。电子客票在以下方面给航空公司带来优势。

（1）拓展航空公司销售渠道，为航空公司提供大客户直销手段。

（2）通过互联网的渗透，吸引更多的旅客，从而扩大与市场的接触面。

（3）为航空公司吸引更多高价值商务旅客。

（4）与在线支付的良好结合使航空公司加快资金结算速度。

（5）实现航空公司客票管理、客票结算电子化。

（6）树立企业形象，与世界先进航空公司保持产品一致性，为将来进一步合作打下基础。

（7）电子客票是航空公司向海外市场拓展的重要手段，是航空公司加入航空联盟的必要的商务条件。

2）纸质客票

纸质客票是由公司或其客运销售代理人代表公司所填开的被称为"客票及行李票"的凭证，包括运输合同条件、声明、通知事项等内容。目前我国已不再使用纸质客票（图 2.9 是纸质客票的封面，图 2.10 是纸质客票的里页）。

图 2.9　纸质客票封面（东航）

图 2.10　纸质客票里页

纸质客票由以下四种票联组成，内容基本相似，但颜色和功能不一样。

（1）会计联（Audit Coupon，或称财务联，）为淡绿色，由出票部门工作人员填开或打印客票后撕下，凭此作销售日报，并与销售日报一同上交财务，供财务部门审核和入账所用。

（2）出票人联（Agent Coupon）为粉红色，客票填开后撕下，由出票部门存档以备考查。

（3）乘机联（Flight Coupon）为淡黄色，供旅客在办理登机手续时使用，旅客在客票的粗线框的指定地点搭乘飞机有效（见图 2.11）。由办理乘机手续的部门或换开客票的部门撕下，用于换取登机牌和交运行李。在填开客票时，作废（VOID）乘机联必须由出票部门撕下后与会计联、销售报告一起上交财务部门。

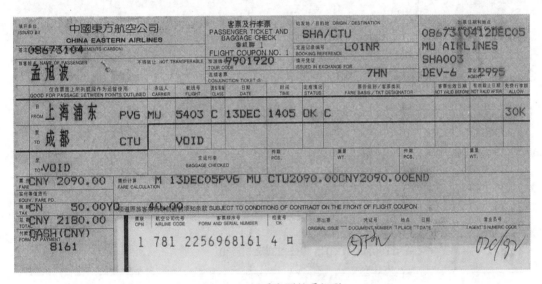

图 2.11　纸质客票的乘机联

（4）旅客联（Passenger Coupon）为白色，由旅客持有、留存，作为报销凭证。旅客在使用客票或退票时必须附有旅客联。

2. 按照销售类型，分为航空公司本票和 BSP 中性客票

1）航空公司本票

航空公司本票是航空公司自行印刷使用，带有明显的航空公司标识，一般只允许航空公司直属的售票处、机场柜台开具的专用客票（图 2.12 为纸质客票，图 2.13 为电子客票）。

2）BSP 中性客票

BSP 中性客票是由国际航协认可的代理人出售的统一规格的票证，从而避免了以往航空公司和代理人之间多种票证、多头结算、多次付款的复杂状况。图 2.14 为纸质客票，图 2.15 为电子客票。

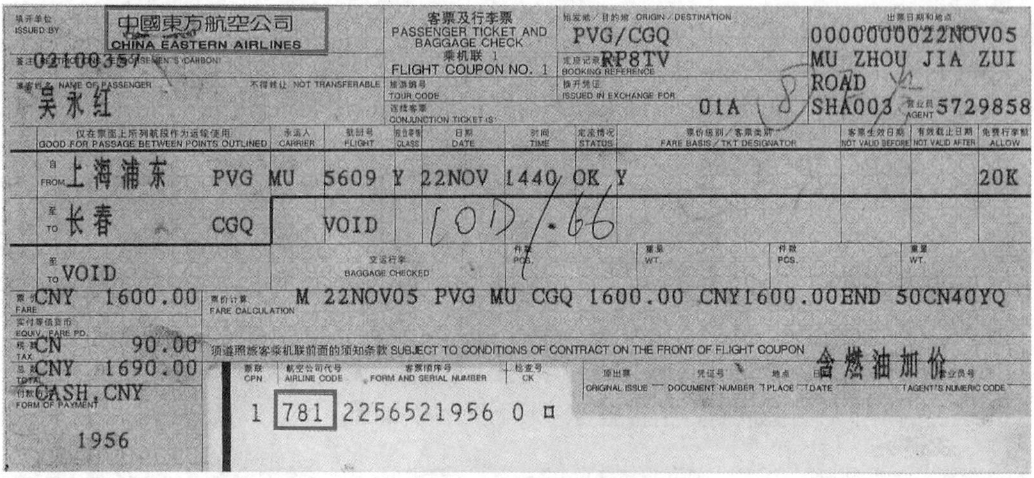

图 2.12　航空公司本票（纸质客票）

```
▸DETR:TN/7812365239726•
ISSUED BY: CHINA EASTERN AIRLINES     ORG/DST: CAN/HFE            ARL-D
E/R: 退票限原出票地
TOUR CODE:
PASSENGER: HUANG/LU
EXCH:                              CONJ TKT:
0 FM:1CAN MU     5226   Y 01DEC 1755 OK Y                  20K OPEN FOR USE
         RL: GBKW3   /
  TO: HFE
FC: M  01DEC10CAN MU HFE1040.00CNY1040.00END
FARE:              CNY 1040.00|FOP:CASH(CNY)
TAX:               CNY 50.00CN|OI:
TAX:               CNY 70.00YQ|
TOTAL:             CNY 1160.00|TKTN: 781-2365239726
```

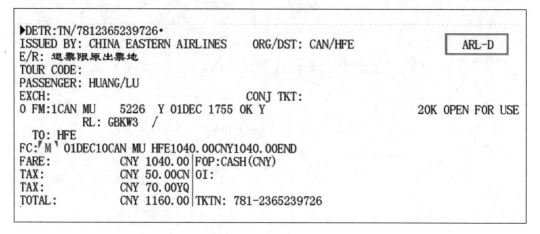

图 2.13　航空公司本票（电子客票）

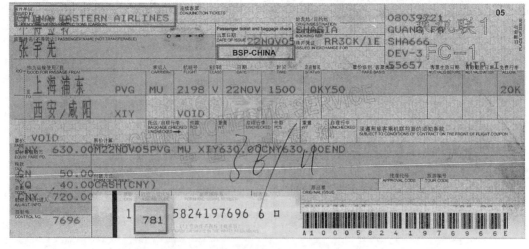

图 2.14　BSP 中性客票（机打纸质客票）

图 2.15　BSP 中性客票（电子客票）

3. 按照运输性质，分为国内客票和国际客票

1）国内客票

国内客票是购买国内航线使用的客票，航程的起止点、经停点均在一国境内。一本机打国内纸质客票有 2 张乘机联，最多可开 2 个航段（见图 2.16），国内电子客票延续纸质客票最多也可开 2 个航段（见图 2.17）。

图 2.16　国内客票（机打纸质客票）

图 2.17　国内客票（电子客票）

2）国际客票

国际客票是购买国际航线和地区航线使用的客票，航程起止点、经停点不在同一国家或在一个国家与其特殊的行政区域之间。一本机打国内纸质客票有 4 张乘机联，最多可开 4 个航段（见图 2.18），国际电子客票延续纸质客票最多也可开 4 个航段（见图 2.19）。

图 2.18　国际客票（机打纸质客票）

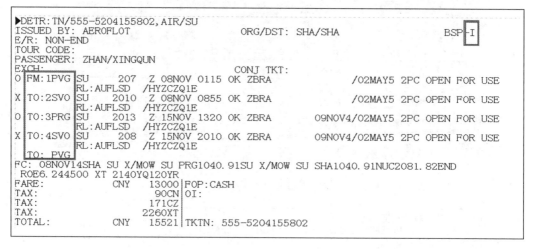

图 2.19　国际客票（电子客票）

3）国际客票换开为国内客票的情况

承运人及其销售代理人不得在我国的境外使用国内客票进行销售。旅客在我国境外购买的用国际客票填开的纯国内航空运输客票，应换开成国内客票后才能使用。例如，在日本东京用国际客票填开上海—成都，应换开为国内客票。

含有国内航段的国际联程客票，其国内航段的乘机联可在国内直接使用，并适用国际运输规则。例如，在日本东京用国际客票填开东京—上海—成都，无须换开为国内客票。

4. 按照客票是否列明航班信息，分为定期客票和不定期客票

1）定期客票

定期客票是列明航班、乘机日期和订妥座位的客票（见图2.20）。

```
▶DETR:TN/7812365239579•
ISSUED BY: CHINA EASTERN AIRLINES      ORG/DST: SHA/CGQ            ARL-D
E/R: 退票仅限原出票地                                        ⌜RECEIPT PRINTED⌝
TOUR CODE:
PASSENGER: 蔡正委
EXCH:                                    CONJ TKT:
O FM:1PVG  MU FM 9177  B 30NOV 0810 OK B              20K LIFT/BOARDED
      T2-- RL: C1465  /         BN:109
   TO: CGQ
FC:⌜M⌝30NOV10PVG MU CGQ1440.00CNY1440.00END
FARE:           CNY 1440.00│FOP:CASH(CNY)
TAX:            CNY 50.00CN│OI:
TAX:            CNY 70.00YQ
TOTAL:          CNY 1560.00│TKTN: 781-2365239579
```

图 2.20　定期客票

2）不定期客票

不定期客票是未列明航班、乘机日期和未订妥座位的客票（见图2.21）。不定期客票需要订妥座位后使用。

```
▶DETR TN/781-8198381724•
ISSUED BY: CHINA EASTERN AIRLINES      ORG/DST: UYN/SIA            BSP-D
E/R: 不得签转/变更退票收费
TOUR CODE:
PASSENGER: 张探龙
EXCH:                                    CONJ TKT:
O FM:1UYN MU  OPEN    T OPEN        T                 20K OPEN FOR USE
   --T3 RL:
   TO: XIY
FARE:           CNY  370.00│FOP:CASH
TAX:            CNY 50.00CN│OI:
TAX:            EXEMPTYQ
TOTAL:          CNY  420.00│TKTN: 781-8198381724
```

图 2.21　不定期客票

三、客票的有效期

1. 普通客票的有效期

（1）客票自旅行开始之日起，一年内运输有效。如果客票全部未使用，则从填开客票之日起，一年内运输有效。

（2）客票有效期的计算，从旅行开始或填开客票之日的次日零时起至有效期满之日次日零时为止。

例如，旅客于2022年6月10日购买上海—广州—上海的客票，客票航段信息见图2.22。

```
O FM:1SHA   MU  5301  Y  02JUL  0805  OK  Y  20K  OPEN FOR USE
    T2T1  RL:JS6F9S /Q9MQ9Z1E

OTO:2CAN   MU  5302  Y  10JUL  1355  OK  Y  20K  OPEN FOR USE
    T1T2  RL:JS6F9S/Q9MQ9Z1E

    TO: SHA
```

图 2.22　客票航段信息

若 2022 年 7 月 2 日上海—广州没有成行，则整本客票的有效期从填开客票次日零时算起，截至 2023 年 6 月 10 日的次日零时，即 2023 年 6 月 11 日零时。

若 2022 年 7 月 2 日上海—广州实际成行，则剩余航段的有效期从开始旅行之日次日零时算起，截至 2023 年 7 月 2 日的次日零时，即 2023 年 7 月 3 日零时。

若该旅客于 2022 年 8 月 1 日实际使用上海—广州航段，则剩余航段的有效期从开始旅行之日次日零时算起，截至 2023 年 8 月 1 日的次日零时，即 2023 年 8 月 2 日零时。

2. 特殊客票的有效期

特殊客票按照承运人规定的使用票价的有效期计算。图 2.23 中的客票，为"不得变更"的客票，即客票是当天当次航班有效。

```
>DETR TN/999-6735889826
ISSUED BY: AIR CHINA          ORG/DST: SHA/CTU              BSP-D
E/R:Q/不得签转/不得变更
TOUR CODE:                                        ⌈RECEIPT PRINTED⌉
PASSENGER: 程锋
EXCH:                          CONJ  TKT:
O FM:1SHA   MU   2403  X 20FEB 1340 OK X  20FEB2/20FEB2 20K  OPEN FOR USE
     T2T2   RL:MBHHDG /HDHM8Y1E
  TO: TYN
FC: A/20FEB22SHA MU TYN240.00CNY240.00END
FARE:           CNY 240.00|FOP:CASH
TAX:            CNY 50.00CN|OI:
TAX:            CNY140.00YQ|
TOTAL:          CNY 1190.00|TKTN:781-6435889626
```

图 2.23　不得变更的客票

四、客票延期

1. 非旅客原因

由于航空公司或不可抗力原因，旅客未能在客票有效期内旅行，其客票有效期可延长至已购客票舱位等级中有空余座位的最早公司航班。

2. 旅客原因

由于旅客自身原因，旅客未能在客票有效期内旅行，其客票将运输无效。根据各航空公司的规定，旅客应在客票有效期满后的相应天数内按规定办理自愿退票业务。

3. 旅客生病

旅客开始旅行之后，因病不能在客票有效期内继续旅行，该旅客客票的有效期可延长至根据医生诊断证明确定该旅客适宜旅行之日为止；或根据情况延长至该日以后客票所列舱位等级中有空余座位的最早公司航班；当客票中未使用的乘机联含有一个或一个以上的中途分程地点时，该客票的有效期则可以根据医生证明适宜乘机之日起延长最多不超过规定天数；陪伴患病旅客的近亲属（陪同人员），其客票也可同样予以延长；相关规定按照各航空公司要求执行。各航空公司政策有所不同，应及时咨询航空公司客服中心，了解航空公司具体要求和操作细则。

4. 旅客死亡

旅客在旅途中死亡，其同行人员客票的有效期可以延长；旅客开始旅行以后，其近亲属（陪同人员）死亡，其客票的有效期也可以同样予以延长；以上任何客票的延长必须在收到死亡证明以后才能办理，客票有效期的延长按照各航空公司要求从逝者死亡之日起最多不超过规定天数。各航空公司政策有所不同，应及时咨询航空公司客服中心，了解航空公司具体要求和操作细则。

五、客票使用与接收

1. 客票使用

（1）每一个旅客（包括儿童、婴儿及团体旅客）都要单独持有一本客票。

（2）客票不能转让，旅客应在客票有效期内完成客票上列明的全部航程。

（3）旅客使用的客票必须列明舱位等级，并在航班上订妥座位和日期后方可由承运人接受运输。不定期客票必须订妥座位后才可使用。

（4）乘机联必须按照所列明的航程，从出发地开始顺序使用。任何前一航段乘机联不得晚于后续航段乘机联的使用。否则必须重新购买客票，未使用票联只能按规定作退票处理。

（5）电子客票的状态必须为"OPEN FOR USE"的有效状态，才可以使用并进行各种手续。

（6）纸质客票的乘机联与旅客联必须并联使用；缺联、破损和票面不清并影响使用的客票均不予被接收；任何经伪造、涂改、擅自修改内容的客票均被视为无效客票。

2. 客票接收

（1）各航空公司确认接收本公司以及其销售代理人填开的公司客票。

（2）各公司确认接收其他承运人（无结算关系和暂停接收客票除外）填开乘坐公司航班的客票。

（3）各公司规定符合国内运输条件的国际客票必须换开成国内客票后才能被接收（即使用国际客票填开纯国内运输的客票）。

（4）各公司有权拒绝接收旅客使用填写非本人姓名的客票，不承担任何被冒用客票的责任（包括乘机人的运输和退款责任）。

❁ 本节练习 ❁

一、单项选择题

1. 承运人是指（　　　）。
   A. 开票承运人　　　　　　　　　B. 实际承运人
   C. 约定承运人　　　　　　　　　D. 以上都是

2. 以下客票销售类型中，（　　　）为航空公司国际本票。
   A. BSP-D　　　　　　　　　　　B. BSP-I
   C. ARL-D　　　　　　　　　　　D. ARL-I

3. 以下在境外用国际客票填开的客票，应换开为国内客票的有（　　　）。
   A. SHA—HKG　　　　　　　　　B. SHA—HKG—PAR
   C. CTU—SHA　　　　　　　　　D. CTU—SHA—PAR

4. 不定期客票的订座情况是（　　　）。
   A. NS　　　　　　　　　　　　　B. OPEN
   C. SA　　　　　　　　　　　　　D. RQ

5. 某旅客乘坐 SHA 至 CAN 的航班，旅客的订座日为 9 月 8 日，出票日为 9 月 10 日，旅行出发日为 9 月 15 日。则这张机票有效期为（　　　）。
   A. 9 月 10 日 2400 至次年 9 月 10 日 2400
   B. 9 月 8 日 2400 至次年 9 月 8 日 2400
   C. 9 月 15 日 2400 至次年 9 月 15 日 2400
   D. 9 月 15 日 0000 至次年 9 月 15 日 0000

6. 某旅客乘坐 BJS—NKG—KMG 的航班，已使用 BJS—NKG。旅客的订座日为 2 月 9 日，出票日为 2 月 10 日，BJS—NKG 出发为 2 月 13 日，NKG—KMG 出发为 2 月 20 日。则这张机票旅客的有效期为（　　　）。
   A. 2 月 9 日 2400 至次年 2 月 9 日 2400
   B. 2 月 10 日 2400 至次年 2 月 10 日 2400
   C. 2 月 13 日 2400 至次年 2 月 13 日 2400
   D. 2 月 20 日 0000 至次年 2 月 20 日 0000

7. 若（　　　），旅客客票一般不能免费延期。
   A. 旅客证件过期
   B. 旅客生病并有医生诊断证明
   C. 航空公司取消航班
   D. 旅客开始旅行以后，其近亲属（陪同人员）死亡

8. 以下关于客票使用的陈述，错误的是（　　　）。
   A. 旅客应在客票有效期内完成客票上列明的全部航程
   B. 客票须按照客票所载明的航程，从出发地点开始，按顺序使用
   C. 电子客票的状态必须为 "OPEN FOR USE" 的有效状态，才可以使用
   D. 行程单一人一票，作为机场办理乘机手续和安全检查的必要凭证使用

二、判断并改错

1. 客票是指由承运人填开的被称为"客票及行李票"的凭证。　　　　（　　）

2. 航空运输电子客票行程单是承运人和旅客订立航空运输合同条件的初步证据，是旅客乘坐飞机、托运行李的凭证，同时它也是承运人之间相互结算的凭证。　　　　（　　）

3. 诸如携程等为航空公司销售客票的企业，是航空运输销售代理人。　　　　（　　）

4. 东航不仅办理自己公司的航班业务，而且为同是天合联盟的法国航空办理客运和货运的地面业务，那么东航是法航的地面服务代理人。　　　　（　　）

5. 飞机上机组成员之外的任何人均为旅客。　　　　（　　）

6. 旅客乘坐 MU2160 航班从上海到西安，乘坐 MU2356 航班从西安到呼和浩特，那么西安是经停点。　　　　（　　）

7. 婴儿不占用座位，所以婴儿不需要有客票。　　　　（　　）

三、简答题

请解释电子客票的状态。

1	OPEN FOR USE	
2	SUSPENDED	
3	VOID	
4	REFUNDED	
5	CHECKED-IN	
6	LIFT/BOARDED	
7	USED/FLOWN	
8	AIRP CNTL/YY	
9	CPN NOTE	
10	EXCHANGED	
11	PRINT/EXCH	
12	FIM EXCH	

第三节　客票运价和税费

引例　春秋9元机票——航空客运市场的"鲶鱼"

　　"9元、99元、199元、299元"等系列低价机票一经推出，就受到了人们的追捧。以远低于运营成本的9元票价营销，春秋航空成功出圈得到大众关注，并在长期以国航、南航和东航三大航为主的航空市场搅动一池春水。

　　作为低成本的民营航空，春秋航空把在其他产业领域所具备的成本控制优势带进了民航领域。通过单一机型、飞机高利用率和航空公司直销等系列措施严格控制成本，票价基本维持在民航公布的基准票价50%以下的水平。超低票价一般仅为全价票的2折左右，这甚至吸引了许多原先打算坐火车卧铺的旅客。

　　相比较于传统航空公司，春秋航空没有免费的水和食物，但可以带杯子在飞机上接水；国内航班没有免费行李托运，国际航班可免费托运10kg行李；航班延误通常不负责食宿，也不会进行赔偿；一般不能退改签，退改签手续费往往比机票贵。

　　春秋航空等民营航空的加入，为中国民航市场的发展带来了清新之风。

一、客票运价的定义

　　客票运价，简称客票价或票价，是指旅客由出发地机场至目的地机场的航空运输价格，不包括机场与市区之间的地面运输费用，也不包括机场建设费以及旅客使用的任何付费服务及设施所需的费用。

　　该价格通常为旅客开始乘机之日适用的票价。客票出售后，票款不作变动。

　　国内客票价一般只适用于直达航班。如果旅客中途换乘其他航班，应按实际航段分段相加计算票价。

　　国内客票价以10元为最小单位，不足10元四舍五入进位。

二、服务等级票价

　　服务等级是指为旅客提供服务的等级，按照提供服务的等级不同收取不同的票价。国内航线的客运价一般分为三个服务等级：头等舱票价（F）、公务舱票价（C）、经济舱票价（Y）。

　　1.头等舱票价

　　航空公司在有头等舱布局的飞机执飞的国内航班上向旅客提供头等舱座位。头等舱的座位较普通舱宽而舒适；向旅客免费提供的餐食，地面膳宿标准高于普通舱；有专门设置的值机柜台和候机厅为头等舱旅客提供优质、快捷的服务；每人可免费携带的行李限额为 40kg。

2. 公务舱票价

航空公司在有公务舱布局的飞机执飞的国内航班上向旅客提供公务舱座位。公务舱座位宽度较头等舱窄，餐食及地面膳宿标准低于头等舱、高于经济舱。每人可免费携带的行李限额为 30kg。

3. 经济舱票价

航空公司在飞机执飞的国内航班上向一般旅客、团体旅客和持优惠票价的旅客提供经济舱座位。每人可免费携带的行李限额为 20kg（不占座位的婴儿除外）。

4. 第四舱

第四舱，即经济舱、公务舱和头等舱之外的第四种舱位，称为超级经济舱、豪华经济舱、高端经济舱或经典经济舱。近年来第四舱的出现，是航空公司根据经济和环境的变化，改装出来以满足细分市场旅客的需求，开拓更多收入的渠道。与经济舱相比，超级经济舱一般会增加座位之间的宽度，靠背的倾斜角度，并在餐食、免费行李额度甚至优先登机等方面给予优惠，而价格更接近经济舱而不是商务舱。其针对的是经济预算有限而又有意愿体验高舱位服务的旅客。

5. 混合等级票价

混合等级票价是旅客在整个旅程的某航段使用不同的服务等级的运价。例如，部分航段乘坐经济舱座位，部分航段乘坐头等舱座位。混合等级运价同样适用于乘坐头等舱和公务舱座位，公务舱和经济舱座位。一般情况下，国内航空客票票价是按旅客实际乘坐的不同等级航段分段相加，而国际航空客票票价是根据国际航空运价规则计算的结果来收取。

6. 多等级舱位票价

自 2004 年 4 月 20 日起，经国务院批准，《民航国内航空运输价格改革方案》开始实施，要求对国内旅客运输票价实行以基准价为基础的浮动幅度管理。

在航空企业的市场营销中，飞机舱位就是航空公司的产品，舱位种类的多少就是航空公司产品的多少。因此，近年来，航空企业根据服务等级确定了头等舱、公务舱和经济舱的运价，通过不同的运价来满足不同的市场需求，从而赢得收入的最大化。航空企业在同一服务等级运价基础上，通过对运价附加（如签转、更改、退票、出票和付款时限等）限制条件，制定出多个价格依次递减的子舱位运价。如在经济舱即 Y 舱的后面设置了 Y 舱的子舱位：B 舱、M 舱、U 舱、H 舱、Q 舱、V 舱、W 舱、S 舱、T 舱、L 舱等，所有这些子舱位座椅的舒适度、餐食标准与 Y 舱完全相同，所谓"多等级"指的只是航空运价及其相关销售和使用条件限制的多寡程度。如本章第一节图 2.1 电子客票的 W 舱，是国航经济舱的子舱位。国航舱位设置和对应的使用条件，见图 2.24。

航空企业采取了多等级舱位的销售方法，可以通过运价与不同舱位销售量的乘积精确计算出该航班的收入。

国航国内运价使用条件

销售日期/旅行日期自2017年4月1日（含）起

舱位等级	舱位明细	新舱位	自愿签转	自愿变更		差价	自愿退票手续费	
				手续费				
				航班起飞前	航班起飞后		航班起飞前	航班起飞后
头等舱	头等全价	P/F	允许	免费	5%	变更后新航段对应的票价减原票面实收票价	5%	10%
	头等折扣	A	不允许	5%	10%		10%	20%
公务舱	公务全价	J	允许	免费	5%		5%	10%
	公务折扣	C/D/Z/R	不允许	5%	10%		10%	20%
超级经济舱	超经全价	G	允许	免费三次，第四次起每次收5%	10%		10%	15%
	超经折扣	E	不允许	10%	20%		20%	30%
经济舱	全价	Y	允许	免费三次，第四次起每次收5%	10%		10%	15%
	折扣1	B/M/U	不允许	10%	20%		20%	30%
	折扣2	H/Q/V	不允许	20%	30%		30%	40%
	折扣3	W/S	不允许	30%	40%		50%	只退税费
	折扣4	T/L/N/K	不允许	30%	50%		只退税费	只退税费

图 2.24 国航国内运价使用条件

三、航程方式票价

航空客票票价按航程的不同方式可以分为单程票价、来回程票价、联程票价和中转联程票价。

1. 单程票价

只有一个航段的客票是单程客票（见图 2.25）。单程客票适用单程票价，也称为直达票价。它仅适用于规定航线上的从始发地至目的地的航班运输。我国现行对外公布的票价均为航空运输的直达票价。

```
▶DETR TN/7819631072105◆
    ISSUED BY: CHINA EASTERN AIRLINES     ORG/DST: SHA/BJS          BSP-D
E/R: Q/不得签转
TOUR CODE:
PASSENGER: 张丽
EXCH:                              CONJ TKT:
O FM:1SHA MU    5151   Y 20SEP 0830 OK YDM86              20K OPEN FOR USE
   T2T2 RL:PXK1MB  /HD9X8N1E
   TO: PEK
FC: 20SEP15 SHA MU PEK1070.00 CNY1070.00END**
FARE:        CNY  1070.00 FOP:CASH
TAX:         CNY 50.00CN OI:
TAX:             EXEMPTYQ
TOTAL:       CNY  1120.00 TKTN: 781-9631072105
```

图 2.25 单程客票

2. 来回程票价

从出发地至目的地并按原航程返回原出发地的客票，是来回程客票（见图 2.26）。国内来回程客票的票价一般由两个单程票价组成，一个是使用直达票价的去程运输，一个是使用直达票价的回程运输。我国有些空运企业来回程票价在两个单程票价的基础上可享受一定的折扣。

```
DETR: TN/7819642734050
ISSUED BY: CHINA EASTERN AIRLINES      ORG/DST: TXN/TXN              BSP-D
E/R: Q/不得签转，收费更改
TOUR CODE:                                        RECEIPT PRINTED
PASSENGER: 吴丽芳
EXCH:                          CONJ TKT:
O FM: 1 TXN FM      9266 Z 12OCT 2245 OK YZ07WLDL         20K OPEN FOR USE
    --T2 RL: NZDD8N     /HTLH571E
O TO: 2 SHA FM      9267 Z 17OCT 1420 OK YZ07WLDH         20K OPEN FOR USE
    T2-- RL: NZDD8N     /HTLH571E
    TO: TXN
FC: 12OCT15 TXN FM SHA150.00FM TXN180.00 CNY330.00END
FARE:          CNY      330.00|FOP: CASH
TAX:           CNY100.00CN|OI:
TAX:               EXEMPTYQ|
TOTAL:         CNY      430.00|TKTN: 781-9642734050
```

图 2.26　来回程客票

3. 联程票价

有两个或两个以上航班，并且航程不返回出发地的客票，是联程客票（见图 2.27）。即旅客的航程超过一个以上航班，需在某航班的中途站或终点站换乘另一个航班才能到达目的地，称为联程。在国内运输中，联程票价一般按实际航段分段相加。

```
ISSUED BY:   AIR CHINA       ORG/DST:   SHA/SHA     BSP-D
E/R:
TOUR CODE:                                RECEIPT PRINTED
PASSENGER: 张闻
EXCH:                          CONJ TKT:
O FM: 1PEK    CA      1519   Y   08NOV 0930 OK Y     20K OPEN FOR USE
      RL: ZZM6M     /XNR6A 1E
   TO: 2SHA   CA      1837   Y   08JAN  1605 OK Y     20K OPEN FOR USE
      RL: ZZM6M     /XNR6A 1E
   TO: CAN
FC: 08NOV10PEK CA SHA1130.00 CA CAN1280.00 CNY2410.00END
FARE:            CNY 2410.00|FOP:CASH
TAX:         CNY 100.00CN|OI:
TAX:         CNY 80.00YQ|
TOTAL:           CNY 2590.00|TKTN: 999-2233445566
```

图 2.27　联程客票

4. 中转联程票价

航空公司为了最大限度地利用舱位，整合运力资源推出了中转联程票价。与直达航班相对应，旅客在中转点换乘本航空公司其他航班前往目的站，全程多个航段视为一个运价区所使用的票价，即为中转联程票价，一般价格远远低于直达票价，航空公司要求定特殊舱位。如图 2.28 的中转联程客票，合肥—北京—呼和浩特为一个运价区。

```
ISSUED BY: AIR CHINA        ORG/DST: HFE/HET                    BSP-D
E/R: 不得签转退票收费
TOUR CODE:
PASSENGER: 刘景春
EXCH:                       CONJ TKT:
O FM:1HFE CA    1836  W 31MAY 1010 OK W/CA2W7013    20K CHECKED IN
     RL:JSF9S  /Q9Q9Z 1E
O TO:2PEK CA    1128  W 31MAY 1355 OK W/CA2W7013    20K OPEN FOR USE
     RL:JSF9S  /Q9Q9Z 1E
 TO: HET
FC: 31MAY07 HFE CA PEK CA HET600.00CNY600.00END
FARE:        CNY  600.00|FOP:CASH
TAX:         CNY100.00CN|OI:
TAX:         CNY130.00YQ|
TOTAL:        CNY  830.00|TKTN: 999-4948444326
```

图 2.28　中转联程客票

图 2.29 是航空公司中转联程票价，以厦门—上海—北京中转联程单程运价为例，不能低于厦门—上海的票价，否则造成对厦门—上海客运市场的冲击；票价可以高于厦门—北京的票价，但要求必须持有前一个航班的登机牌，才能办理第二个航班。

7—8 月厦门始发经上海中转联程运价（XMN07062）

航　　程	单程／元	来回／元	订座舱位	FARE BASIS 栏	备注
厦门—上海—北京	1000	1700	Q	YTR	
厦门—上海—天津	900	1300	Q	YTR	
厦门—上海—太原	800	1200	Q	YTR	
厦门—太原 // 太原—上海—厦门	—	1600	Q	YTR	
厦门—太原 // 郑州—上海—厦门	—	1400	Q	YTR	
厦门—上海—大同 DAT	1200	1800	Q	YTR	
厦门—上海—包头	1450	2700	Q	YTR	
厦门—上海—呼和浩特	1400	2600	Q	YTR	
厦门—上海—石家庄	1150	1800	Q	YTR	
厦门—上海—哈尔滨	1200	2000	Q	YTR	

图 2.29　中转联程运价

四、优惠票价

优惠票价是承运人向特定的运输对象提供一定折扣的优惠票价，以头等舱、公务舱或经济舱的成人全票价为计算基础。优惠票价不得重复享受，但可选择最便宜的一种优惠价。例如，不满 12 周岁的旅客，享受了适用成人票价 50% 的儿童票，就不得叠加享受学生票价的折扣。

1. 婴儿及儿童票价（以年龄给予优惠）

1）婴儿票价

婴儿是指运输开始之日年龄不满两周岁的人。

国内、国际婴儿客票价，均应按成人相应舱位等级全票价的 10% 购买，航空承运人不提供座位（见图 2.30）。如有需要单独占用座位的，应购买儿童票。国际婴儿票有 10kg 的免费行李额，国内婴儿票一般没有免费行李额，也有个别航空公司参照国际航班的操作，给予 10kg 的免费行李额。

```
ISSUED BY: CHINA SOUTHERN AIRLINE   ORG/DST: SHA/CAN          ARL-D
E/R:
TOUR CODE:
PASSENGER: 陈云 INF （SEP11）
EXCH:                    CONJ TKT:
O FM:1SHA  CZ 3506  Y  02FEB  1755  YIN10  NS      NIL  OPEN FOR USE
      RL:BQH3Q  /QZ80B  1E
 TO: CAN
FC: 02FEB13SHA CZ CAN130.00CNY130.00END
FARE:          CNY 130.00   FOP:CASH(CNY)
TAX:           TEXEMPTCN    OI:
TAX:           TEXEMPTYQ
TOTAL:         CNY 130.00   TKTN: 784-2406341847
```

图 2.30　婴儿客票

当一名成人旅客偕同旅行的婴儿名额超过一名时，其中只有一名婴儿可购婴儿票，超过名额的婴儿应按实际人数购买儿童票，航空承运人提供其座位。

2）儿童票价

儿童是指运输开始之日年龄满两周岁但不满 12 周岁的人。

国内儿童客票票价，应按成人相应舱位等级全票价的 50% 购买（见图 2.31）；国际儿童客票票价应按成人相应舱位等级全票价的 75% 或 67%，或根据航空承运人的实际要求购买儿童票。航空承运人提供其相应座位。儿童票的免费行李额与成人相同，即经济舱 20kg，公务舱 30kg，头等舱 40kg。

3）特殊情况

儿童旅客进行航空旅行时，如其在航班起飞之日未满 5 周岁，一般承运人均要求该旅客必须有成人陪伴而行。

年龄满 5 周岁、未满 12 周岁的儿童旅客，应在购票前向承运航空公司提出申请，经承运人同意后，将其列为无成人陪伴儿童。

```
ISSUED BY: CHINA SOUTHERN AIRLINE   ORG/DST: SHA/CAN              ARL-D
E/R:
TOUR CODE:
PASSENGER: 陈亮 CHD
EXCH:                          CONJ TKT:
O FM:1SHA  CZ 3506  Y  02FEB  1755 YCH50   OK        20KG OPEN FOR USE
       RL:BQH3P  /QZ80E  1E
  TO: CAN
FC: 02FEB13SHA CZ CAN640.00CNY640.00END
FARE:        CNY 640.00 | FOP:CASH(CNY)
TAX:         TEXEMPTCN | OI:
TAX:         CNY 70.00YQ |
TOTAL:        CNY 710.00 |TKTN: 784-2406341848
```

图 2.31　儿童客票

2. 特种折扣票价（以职业身份给予优惠）

1）革命伤残军人和伤残人民警察

在我国境内，革命伤残军人凭《革命伤残军人证》、伤残人民警察凭《人民警察伤残抚恤证》购买国内航线客票，其票价按照适用等级票价的 50% 购票。革命伤残军人票价折扣代码为 DFMM50，目前不少航空公司简化为 GM50（拼音"革命"的首字母）；伤残人民警察票价折扣代码为 DFPP50，目前不少航空公司简化为 JC50（拼音"警察"的首字母）。

2）行业折扣票价

行业折扣票价是航空公司内部职工、销售代理人、民航局职工及协作单位职工因私或因公乘坐飞机，经相关航空承运人批准，可享受低于适用票价 50% 的一种票价。

旅客一般须在购票前提出书面申请，经航空企业主管部门受理和审批同意后签发"授权出票通知"单，旅客凭"授权出票通知"单、身份证件到指定的航空公司售票处办理购票手续。随着航空公司信息化管理的推进，"授权出票通知"通过系统申请并传送。

行业票价一般分优惠 75%（1/4 票，代号为 ID75 或 AD75）、优惠 50%（半票，代号为 ID50 或 AD50）、优惠 100%（免票，代号为 ID00 或 AD00）三种。优惠票价在任何情况下不得重复享受其他票价优惠。例如，享受了适用成人票价 50% 的儿童票，不得重复享受优惠票价的 50% 或 75%，但可在几种优惠或折扣票价中选择一种。

购买此类优惠票的旅客一般都不得事先订座，只能持票在航空公司的值机柜台申请候补，在航班有空余座位的情况下，方可办理乘机手续。

3）教师及学生折扣票价

航空企业在寒暑假期间，在指定的航线上，会对国内全日制本科、大专、中专、中小学等在校教师及学生给予不等幅度的优惠。

购买教师、学生优惠票时，教师必须持教师工作证和身份证，学生凭有效的学生证和身份证或出生证、独生子女证、户口簿；无学生证的，须凭就读学校出具的证信和身份证件办理购票。所购机票只能乘坐指定航空承运人的航班，不得办理签转。有关订座和退票的具体规定，以承运人的运价通告为准。

3.团队旅客运价（以旅客数量给予优惠）

团体旅客在承运人规定的人数以上（一般至少 10 人），航程、乘机日期和航班相同并支付相应团体旅客票价的旅客。

团队旅客可根据团队旅客人数和航班座位销售情况享受适当的优惠，折扣率按季节、团队人数、代理商资质各不相同，由航空公司视具体情况而定，大多数航空公司采用一团一议的方式给予优惠。

五、多占座运价

1.人占座

病残旅客要求在客舱躺卧或使用担架，按照实际占用座位数或需拆除的座位数计算票价。如果是在飞行途中突发疾病，则不再收取旅客的额外占座费。

旅客为了舒适或其他目的而多占座位，按实际占用座位数计算票价。此种占座的英文名称为 EXTRA SEAT，缩写代号为 EXST。

2.物占座

旅客（外交信使、银行押运员）因放置自理行李而多占座位，按照实际占用座位数计算票价。每个座位装载行李物品不得超过 75kg。此种占座英文名称为 CABIN BAGGAGE，缩写代号为 CBBG。

六、机场建设费与燃油附加费

机场建设费和燃油附加费是由旅客承担的被计入航空税费的一种费用，不属于客票票价的一部分。

1.机场建设费

2004 年 9 月 1 日起，旅客在中国境内乘坐国内、国际和地区（港、澳、台）航班，由原先在机场办理机场建设费缴纳手续，改为在购买机票时一并缴纳。机场建设费代码 CN。从 2012 年 4 月起机场建设费变更为民航发展基金，因税种代码和征收标准不变，大众仍习惯称机场建设费。

乘坐国内航班旅客，收取机场建设费人民币 50 元；乘坐国内支线航班的旅客，收取机场管理建设费 10 元（支线飞机是指座位数在 50～110 座的机型）。

乘坐国际航班，每位旅客收取机场建设费人民币 90 元。国际航班转乘国内航班的中转旅客，须按规定收取国内机场建设费。

2.燃油附加费

中国从 2000 年开始征收航空燃油附加费，费用占机票全价的 10%～25%。2004 年航空公司可将机票基准价上浮 25%，并同时取消燃油附加费。2005 年 8 月 1 日国内航线燃油附加费恢复征收。燃油附加费代码 YQ。

国内航线燃油附加费，分为 800 千米以上和以下两种档次。根据国家油价政策浮动，由民航局调整后公布。以 2022 年上半年为例，国内航线燃油附加费多次调整，2 月 5 日分为 10 元和 20 元两档，3 月 5 日提高至 20 元 /40 元，4 月 5 日调高至 50 元 /100 元，5 月 5 日调整至 60 元 /120 元。

3. 税费优免

以下旅客购买国内航线客票，税费征收情况见表 2.5。

按照成人普通票价 10% 计价的婴儿，免征机场建设费和燃油附加费。

按成人普通票价 50% 计价的儿童，免征机场建设费，燃油附加费减半征收。计算时"留头去尾"，如果燃油附加费 50 元，减半后只收取 20 元，即免去不足 10 元部分。

按成人普通票价 50% 计价的革命伤残军人和因公致残的人民警察，机场建设费全额征收；燃油附加费减半征收，计算时"留头去尾"。

表 2.5　国内航线税费征收情况

税　　种	婴儿	儿童	革残
机场建设费	无	无	100%
燃油附加费	无	50%	50%

❀❀ 本 节 练 习 ❀❀

一、单项选择题

1. 民航旅客客票价根据旅客的航程和座位等级，按（　　　）之日的价格为标准。
   A. 订票日
   B. 出票日
   C. 始发日
   D. 到达日

2. 旅客支付的国内客票价包括（　　　）。
   A. 始发地机场与目的地机场之间的航空运输价格
   B. 机场与市区之间的地面运输价格
   C. 旅客支付的机场建设费
   D. 旅客额外支付的燃油附加费

3. 国内客票价一般计算至（　　　）位，尾数采取四舍五入的方法。
   A. 个
   B. 十
   C. 百
   D. 千

4. 客票出售后，如遇票价调整，原票款则（　　　）。
   A. 不作变动
   B. 多退少补
   C. 多退少不补
   D. 多不退少补

5. 旅客购 1 张东方航空上海—海口经济舱全价机票，航班在深圳经停，上海—海口单程经济舱全价为 1800 元，上海—深圳单程经济舱全价为 1200 元，深圳—海口单程经济舱全价为 1750 元，旅客支付票价（　　　）元。
   A. 1800
   B. 1200
   C. 1750
   D. 2950

6. （　　）舱符合以下描述：座位宽敞舒适、高标准餐食、免费行李 40kg、办理乘机手续专柜。

  A. F   B. C

  C. Y   D. 不能确定

7. 旅客出生日为 2023 年 12 月 9 日，订座日 2025 年 12 月 5 日，购票日 2025 年 12 月 08 日，旅行始发日 2025 年 12 月 10 日，旅客属于（　　）。

  A. 婴儿   B. 儿童

  C. 成人   D. 无法确定

8. 一名成年旅客携带两名婴儿旅客，最少需要占（　　）个座位。

  A. 1   B. 2

  C. 3   D. 无法确定

9. 一名成年旅客携带两名婴儿乘机，对应全价票是 2000 元，则这三位旅客最少需支付票价（　　）元。

  A. 2000   B. 2400

  C. 3200   D. 3000

10. 一位 10 岁的学生，暑假期间与父母同行购买国内经济舱机票，全价票是 1000 元且无折扣舱位销售，则该学生最低应支付的票价是（　　）。

  A. 10% 的婴儿票价 100 元   B. 50% 的儿童票价 500 元

  C. 75% 的学生票价 750 元   D. 儿童优惠叠加学生优惠的票价 325 元

11. 联程中转票价，订特殊舱位，票价一般（　　）直达票价。

  A. 低于   B. 等于

  C. 高于   D. 以上情况不一定

12. 为了舒适目的额外占座旅客的代号是（　　）。

  A. STCR   B. CBBG

  C. EXST   D. DIPL

13. 除了（　　），额外占用座位应支付费用。

  A. 外交信使或银行押运员，因放置行李而多占座位

  B. 旅客因为身体不适，在航班起飞前要求多占座位

  C. 在飞行途中突发疾病，在客舱躺卧多占座位

  D. 旅客因为身体肥胖，为乘机舒适，在航班起飞前提出多占座位

14. 旅客在国内支付机场建设费，国际航班每段（　　）元。

  A. 10   B. 50

  C. 90   D. 100

15. 关于革命伤残军人和伤残人民警察的陈述，错误的有（　　）。

  A. 必须在航空公司售票处办理购票手续

  B. 可享受普通成人票 50% 的优惠

  C. 燃油附加费减半征收

  D. 机场建设费减半征收

根据图 2.32 所示电子客票信息做单项选择题。

```
▶DETR:TN/7812365239727·
ISSUED BY: CHINA EASTERN AIRLINES      ORG/DST: CAN/HFE              ARL-D
E/R: 出生日期02FEB10
TOUR CODE:                                              「RECEIPT PRINTED '
PASSENGER: LIU/XIAO INF(FEB10)
EXCH:                                 CONJ TKT:
O FM:1CAN MU    5226  Y 01DEC 1755 NS YIN10            NIL OPEN FOR USE
        RL: GBKW3  /
  TO: HFE
FC:「M 」01DEC10CAN MU HFE100.00CNY100.00END
FARE:          CNY  100.00|FOP:CASH(CNY)
TAX:                EXEMPTCN|OI:
TAX:                EXEMPTYQ|
TOTAL:         CNY  100.00|TKTN: 781-2365239727
```

图 2.32　电子客票信息

16. 旅客的航程是（　　　）。

    A. 长沙—呼和浩特　　　　　　　B. 广州—呼和浩特

    C. 长沙—合肥　　　　　　　　　D. 广州—合肥

17. 该旅客类型是（　　　）。

    A. 婴儿　　　　　　　　　　　　B. 儿童

    C. 革命伤残军人　　　　　　　　D. 因公致残人民警察

18. RECEIPT PRINTED 意思是（　　　）。

    A. 已出票　　　　　　　　　　　B. 已换登机牌

    C. 已打印报销凭证　　　　　　　D. 已报销

19. 航程信息中"1755"是航班的（　　　）。

    A. 计划起飞时间　　　　　　　　B. 实际起飞时间

    C. 计划到达时间　　　　　　　　D. 实际到达时间

20. 该旅客的订座情况是（　　　）。

    A. 座位已订妥　　　　　　　　　B. 列入候补

    C. 不占座位　　　　　　　　　　D. 利用空余座位

21. 该旅客可免费托运（　　　）kg 行李。

    A. 0　　　　　　　　　　　　　B. 10

    C. 20　　　　　　　　　　　　　D. 30

22. 根据票面，旅客计划在（　　　）乘坐该航班。

    A. 2001 年 12 月 10 日　　　　　B. 2002 年 2 月 10 日

    C. 2010 年 2 月 2 日　　　　　　D. 2010 年 12 月 1 日

23. 此航班的经济舱全价可能是（　　　）元。

    A. 880　　　　　　　　　　　　B. 940

    C. 1030　　　　　　　　　　　　D. 1060

24. 此客票的机场建设费是（　　）元。
   A. 0 B. 10
   C. 20 D. 50
25. 此机票用（　　）付款。
   A. 美元 B. 英镑
   C. 人民币 D. 港币

二、判断并改错

1. 国内航线客运价一般分为三个服务等级：F、C、Y。 （　　）
2. 婴儿不占用座位，其票价必定是经济舱全价票的 10%。 （　　）
3. 未满 5 周岁的儿童乘机，必须有成人陪同成行。 （　　）
4. 行业 1/4 优惠票价代号为"ID25"或"AD25"。 （　　）
5. 购买教师票的旅客必须凭教师工作证和身份证，只能乘坐指定航空公司航班，不得办理签转。 （　　）
6. 国内 10 人以上（含 10 人），相同航程、相同乘机日期、相同航班的旅客称为团体旅客。 （　　）
7. 我国机场建设费国内航班每段 50 元，部分使用支线机型的航班每段机场建设费为 30 元。 （　　）
8. 航空公司燃油附加费按 800 千米以上和以下两种标准收取，实际金额根据国家油价政策民航调整后公布，婴儿儿童免收。 （　　）

三、计算题

1. 一名成人旅客带 2 名婴儿购买川航上海至成都的经济舱机票，已知公布运价为 2560 元，计算一行旅客的票价。

2. 一旅行团共 13 人，其中成人 11 人，儿童 2 人，乘坐北京至三亚的国航航班，该团体可享受六折优惠，已知公布票价为 2130 元，CN50 元，YQ140 元。计算该旅行团的总票款。

第四节　客票变更

引例　机票改签短信诈骗，小心！

　　周女士网购一张机票，临飞前两天突然收到一条短信，内容是航班因机械故障被迫取消，要求拨打专线电话改签或退票，且每位旅客补偿 200 元。周女士见短信内票务信息准确，便拨打了"客服专线"。对方告知已经没有可以改签的机票，让周女士立即申请退款并领取 200 元误机补贴。

　　在对方的指导下，周女士操作支付宝交纳了所谓的"流水证明"，并向对方提供了支付宝验证码。一系列操作后，并未收到退款，却收到了支付宝转账 8000 元的交易提醒。周女士这才意识到自己被骗了，而她乘坐的航班根本没有取消。

　　警方提示：当收到上述短信时，应当及时拨打航空公司官方电话核实航班状态，切勿轻信来路不明的信息，更不要拨打短信中的电话号码。电话中要求转账、付款的，应一律拒绝并停止沟通，切勿提供或输入银行账户卡号、余额、验证码等信息。

一、定义和分类

　　在客票有效期内，对客票如下内容进行改变称为变更，客票变更分为自愿变更和非自愿变更。

　　（1）航班、乘机日期、起飞时间。

　　（2）承运人。

　　（3）舱位。

　　（4）乘机人、航程。

二、自愿变更

　　由于旅客原因造成的变更，称为自愿变更。

　　1. 变更航班、乘机日期、起飞时间（即改期）

　　购票后旅客要求改期，同时满足以下两个条件，承运人及其销售代理人按照规定进行办理。

　　（1）有可利用座位并有对应舱位开放。

　　（2）该旅客的客票没有不得变更航班的限制条件。

　　通过换开客票收取改期费用，航班起飞前与后提出变更，费率不一样。如本章第一节图 2.1 的客票从 8 月 25 日更改为 9 月 1 日同航班同舱位，根据第三节图 2.24 国航国内运价使用条件，W 舱在航班起飞前变更，收取原票价的 30% 即 300 元；起飞后变更，收取原票价的 40% 即 400 元。

若该旅客购票后在 8 月 20 日，即航班起飞前提出变更，原客票在换开后的票面信息见图 2.33；新客票的票面信息见图 2.34。

```
>DETR TN/999-6735889826
ISSUED BY: AIR CHINA          ORG/DST: SHA/CTU              BSP-D
E/R:Q/不得签转/改退收费
TOUR CODE:                                        ┌RECEIPT PRINTED┐
PASSENGER: 赵爱华
EXCH:                         CONJ TKT:
O FM:1PVG CA  4504 W 25AUG 1130 OK W/CA2 25AUG2/25AUG2 20K   EXCHANGED
     T2T2  RL:MZHHDG /HEHM8Y1E
  TO: CTU
FC: A/25AUG22PVG CA CTU1000.00CNY1000.00END
FARE:             CNY  1000.00|FOP:CASH
TAX:              CNY  50.00CN|OI:
TAX:              CNY140.00YQ|
TOTAL:            CNY  1190.00|TKTN:999-6735889826
```

图 2.33　换开后原客票的票面信息

```
>DETR TN/999-6735889932
ISSUED BY: AIR CHINA          ORG/DST: SHA/CTU              BSP-D
E/R:Q/不得签转/改退收费
TOUR CODE:                                        ┌RECEIPT PRINTED┐
PASSENGER: 赵爱华
EXCH: 999-6735889826          CONJ TKT:
O FM:1PVG CA  4504 W 01SEP 1130 OK W/CA2 25AUG2/25AUG2 20K   OPEN FOR USE
     T2T2  RL:MZHHDG /HEHM8Y1E
  TO: CTU
FC: A/25AUG22PVG CA CTU1000.00CNY1000.00END
FARE:             CNY  1000.00|FOP:CASH
TAX:              PD  50.00CN|OI: 999-6735889826 SHA 10AUG22 08311306
TAX:              PD140.00YQ|
TOTAL:            CNY  300.00|TKTN: 999-6735889932
```

图 2.34　新客票的票面信息

2. 变更承运人（即签转）

旅客购票后，如要求改变原指定承运人，称为"签转"。签转手续可由承运人办理国内业务的售票部门和运输业务部门办理，代理人未经承运人授权不得办理签转手续。

旅客自愿要求变更承运人，在符合下列全部条件下，承运人可予以签转。

（1）旅客使用的客票无签转限制（一般折扣票价的客票均不得签转）。

（2）旅客的客票未变更过航班、日期。

（3）原承运人与新承运人有票证结算关系。

（4）必须征得原承运人的同意，并在新的承运人航班座位允许的条件下予以签转。

如不符合上述条件，则按自愿退票的有关规定办理后，重新购票。

3. 变更舱位等级（即升降舱）

旅客购票后，如要求改变舱位等级，承运人及其销售代理人应在航班有可利用座位和时间允许的条件下，予以积极办理，票款的差额多退少补。

（1）从低等级舱位升至高等级舱位。旅客变更物理舱位要求从经济舱升至公务舱／头等舱、从公务舱升至头等舱，或旅客从子舱位的较低舱位升至较高舱位，可采用换开客票补收差额。

（2）从高等级舱位降至低等级舱位。旅客物理舱位要求从公务舱／头等舱降至经济舱、从头等舱降至公务舱，或在子舱位销售中，由于旅客的自愿变更，造成旅客从子舱位的较高舱位降至较低舱位，则先按自愿退票的有关规定办理后，重新购票。

4.变更乘机人或变更航程

（1）客票为记名式，如果旅客要求变更乘机人，应按自愿退票处理，重新购票。

（2）国内客票不得改变航程，如果旅客要求更改航程，一般按自愿退票处理，重新购票。但在客运市场更为开放的政策下，部分航空公司开始推出两个相邻城市互相替换的客票，如成都出发的客票，可以免费更换为从重庆出发的航班，只要目的地相同而且乘坐同一航空公司。

三、非自愿变更

由于航班取消、提前、延误、航程改变，或承运人不能提供原定座位，或未能在旅客的中途分程地点或目的地点停留，或造成旅客已订妥座位的航班衔接错失等承运人原因，要求变更客票，均属于非自愿变更。可再细分为承运人原因（机务、飞行、商务等）以及非承运人原因（天气、地震、疫情、交通管制、政变等）。

旅客因病要求变更，应提供县级（含）以上或三甲级医疗单位出具的证明，并在航班规定的离站时间前提出，按非自愿变更的有关规定办理。

1.变更航班、乘机日期、起飞时间（即改期）

由于承运人原因造成旅客无法乘坐原定航班出行而要求变更航班，应积极为旅客优先安排有可利用座位的承运人后续航班。

2.变更承运人（即签转）

由于承运人原因要求旅客变更承运人，应征得旅客及被签转承运人的同意后，免费办理签转手续。

由于航空公司原因引起的非自愿签转一般发生在机场，机场可以使用航班中断舱单（flight interruption manifest，FIM）（见图2.35）进行航空公司之间的快速签转。

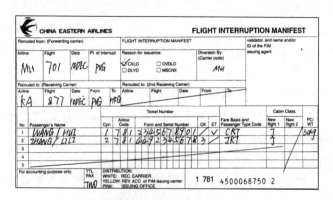

图2.35　东方航空签转至港龙航空的FIM

3. 变更舱位等级（即升降舱）

因承运人原因，旅客的舱位等级变更时，票款差额多退少不补，免费行李额按原定舱位等级的有关规定办理。

（1）非自愿升舱。在离港系统中使用升舱指令直接为旅客办理乘机手续，客票上不作任何更改。

（2）非自愿降舱。在旅客的行程单上加盖"非自愿降舱"章或开具"非自愿降舱"证明，并告知旅客必须保留登机牌及盖章的凭证，回出票地退差额。

❦❧ 本 节 练 习 ❦❧

一、单项选择题

1. 以下情况中，不属于客票自愿变更的是（　　　）。
   A. 旅客要求改变乘机人　　　　　　B. 旅客要求改变舱位等级
   C. 旅客要求改变离站时间　　　　　D. 天气原因航班延误，旅客改变航程

2. 改变（　　　）称为"签转"。
   A. 乘机人　　　　　　　　　　　　B. 出票人
   C. 代理人　　　　　　　　　　　　D. 承运人

3. 以下不是客票自愿签转所必须符合的条件的是（　　　）。
   A. 客票为全价，没有限制签转
   B. 新承运人与原承运人有票价结算关系
   C. 签转要收手续费
   D. 征得原承运人同意

4. 某旅客购买了北京至广州 Y 舱机票，票价是 2130 元，后旅客要求更换 F 舱，F 舱的票价是 3200 元，旅客应（　　　）。
   A. 支付舱位差价 1070 元　　　　　B. 退票并付退票费，再另购 F 舱客票
   C. 直接持原票乘坐 F 舱　　　　　　D. 另付 10% 的变更费

5. 除了（　　　）情况，航空公司必须为旅客安排后续航班或办理签转手续。
   A. 航班延误，旅客在衔接站无法成行
   B. 改机型造成超售，无法安排旅客
   C. 航班起飞时间提前，旅客未能赶上
   D. 因交通堵塞，旅客未能赶上原定航班

6. 因承运人原因，旅客变更舱位等级，对票款的处理方法是（　　　）。
   A. 多退少补　　　　　　　　　　　B. 不退不补
   C. 多不退少补　　　　　　　　　　D. 多退少不补

7.（　　　）应退票重新购票。
   A. 变更乘机人　　　　　　　　　　B. 变更航程
   C. 自愿降舱　　　　　　　　　　　D. 以上都是

8. 使用 FIM 可以进行（　　　）处理。

    A. 非自愿改期   B. 非自愿签转

    C. 非自愿升舱   D. 非自愿降舱

二、问答题

根据换开后新客票的票面（图 2.36）回答以下问题。

```
>DETR TN/999-6735889932
ISSUED BY:  AIR CHINA              ORG/DST:  SHA/CTU                BSP-D
E/R:Q/不得签转/改退收费
TOUR CODE:                                          ⌐RECEIPT PRINTED⌐
PASSENGER: 赵爱华
EXCH: 999-6735889826              CONJ  TKT:
O FM:1PVG CA   4504  W  01SEP  1130  OK  W/CA2  25AUG2/25AUG2  20K    OPEN FOR USE
      T2T2    RL:MZHHDG /HEHM8Y1E
  TO:  CTU
FC: A/25AUG22PVG CA CTU1000.00CNY1000.00END
FARE:              CNY  1000.00|FOP:CASH
TAX:                  PD  50.00CN|OI: 999-6735889826 SHA 10AUG22 08311306
TAX:                  PD140.00YQI
TOTAL:              CNY   300.00|TKTN: 999-6735889932
```

图 2.36　客票票面

1. 新客票的客票状态是 ＿＿＿＿＿＿＿＿＿＿＿＿＿＿＿＿。

原客票的客票状态应为 ＿＿＿＿＿＿＿＿＿＿＿＿＿＿。

2. 新客票的客票号码是 ＿＿＿＿＿＿＿＿＿＿＿＿＿＿＿。

原客票的客票号码是 ＿＿＿＿＿＿＿＿＿＿＿＿＿＿＿。

3. 已支付的税费种类和金额是 ＿＿＿＿＿＿＿＿＿＿＿＿＿。

4. 换开时旅客应支付的费用是 ＿＿＿＿＿＿＿，付款方式是 ＿＿＿＿＿＿＿＿＿＿。

第五节　客票退票

引例　航班取消，退票过期引争议

    2020 年 1 月 21 日，盛女士在东方航空 App 为自己和母亲购买了上海至日本冲绳的往返机票（3 月 1 日起飞，3 月 4 日返程）。由于疫情原因，东航取消航班，因抱着他日能成行的想法，她当时没有选择立即退票。但 2021 年 3 月 20 日申请退票时，却被东航客服告知机票已超过有效期，无法退票。盛女士认为，当东航无法就航班履约，其有责任说清楚客票有效期的问题。以过有效期为由没收其机票款，侵害了消费者的合法权益。

东航在官网和 App 都公布了退票的有效期，"定期客票在客票旅行始发之日起 13 个月内申请办理；不定期客票在客票填开之日起 13 个月内申请办理，逾期不予办理"。东航电话中心工作人员告知，客票退票有效期为 13 个月，逾期东航不予负责。因旅客没有使用客票，13 个月有效期从填开客票时间，即盛女士在 App 上购票之日起算。

一、定义与分类

旅客购票后，由于旅客原因或承运人原因，不能在客票有效期内完成部分或全部航程，而要求退还部分或全部未使用航段的票款，称为退票。

与客票变更分类相同，退票分自愿退票和非自愿退票两种。

（1）由于旅客自身原因，包括旅客未能出示有效身份证件、违反政府或承运人有关规定而被拒绝乘机以及不能在客票有效期内完成部分或全部航程而要求退票，称为自愿退票。

（2）由于承运人的原因或如地震、疫情等不可抗力的原因，旅客未能按运输合同旅行导致的退票，称为非自愿退票。旅客因病要求退票，应提供县级（含）以上或三甲级医疗单位出具的证明，并在航班规定的离站时间前提出，按非自愿退票的有关规定办理。

二、退票一般规定

1. 退票期限

（1）旅客最迟应在客票有效期满后 30 天内办理退票，过期不予办理。

（2）特殊票价的有效期不足一年时，可自出票之日或旅行之日起 13 个月内办理退票。

（3）在客票有效期满后，申请退票又超过承运人规定时限的，承运人可以拒绝办理退款。

2. 退票凭证

（1）旅客办理退票，必须持有乘机人的有效身份证明，如身份证、护照、士兵证、军官证、户口簿等。

（2）电子客票若已打印过行程单，必须退还行程单。

（3）如果委托他人办理，还须持有乘机人的委托书、有效身份证明（或复印件）及被委托人的有效身份证件。

3. 退票地点

（1）自愿退票，应在原购票售票处或原购票销售代理人（包括原购票的官网、App 或小程序）办理退票。

（2）非自愿退票，原则上在原购票售票处或原购票销售代理人办理退票。特殊情况可在航班始发地、经停地、终止旅行地的承运人售票处或引起非自愿退票事件发生地的承运人地面服务代理人售票处办理退票。

4. 退款接受人

（1）承运人有权向客票上所载明姓名的旅客本人办理退款。

（2）客票上载明的旅客不是客票的付款人，并在客票上载明退票限制条件的，承运人应按照载明的退票限制条件将票款退给付款人或者其指定人。

5. 退款货币

（1）旅客要求退票必须符合原购票地点和退票地的国家法律及其他有关规定。通常按原收款货币、原收款方式退款。

（2）退票费一般以元为单位，元以下四舍五入。具体以各航空公司的规定为准。

6. 退款客票

（1）所有未使用航段的机场建设费和燃油附加费，全额退款。

（2）退票时必须依据客票的有关限定条件，如果退票受票价使用的限制或规定不得退票，则不予办理退票。例如，票面签注信息注明"不得退票"或者"NON-REFUND"，包括缩略语"NON-REF"和"NON-RFD"。但未使用航段的税费仍应全额退款。

（3）电子客票办理退票，必须为 OPEN FOR USE 的有效状态，其他状态均不得办理退票手续。

（4）纸质客票办理退票，客票的乘机联与旅客联必须并联使用，只有乘机联没有旅客联不得办理退票手续。

三、自愿退票

1. 免退票费

持婴儿客票的旅客不占用座位，在任何航班上都免收退票费。

儿童（含无成人陪伴）、革命伤残军人和因公致残人民警察，购买国内航线客票，客票类别项为"F 或 C 或 Y+CH（或 UM）或 GM/JC"时，免收退票费。

2. 退票费率的演变

（1）时间制。不同舱位，按申请退票的时间统一费率，致使较高票价旅客相比低票价旅客，承担更高的退票费。

➤ 航班离站 24 小时（含）以前，收 5%；

➤ 在航班离站前 24 小时以内到 2 小时（含）以内，收 10%；

➤ 在航班规定离站时间 2 小时以内，收 20%；

➤ 在航班规定离站时间后，收 50%。

（2）舱位制。各公司不同舱位的费率不一样，但票价越高则相对应的退票费率越低。例如，全价票（含头等舱、公务舱）收原付票价的 5% 作为退票费，9 折至 8 折票收 10%，7.5 至 6 折票收 20%，5.5 折（含）及以下票收 50%，等等。由于没有时间的限制，致使有些旅客没有及时提出退票申请，造成航空公司航班座位的虚耗。

（3）舱位制 + 时间制。如图 2.37 所示，舱位越低，退票费率越高，甚至只退税费；

同时同一个舱位，越迟申请退票，退票费率越高。根据舱位等级，同时叠加申请时间的退票制度，更为合理，目前在大部分航空公司实行。

注意：无论退票费率是以时间，或舱位，或结合两者来确定，退票费是以原付票价即不含税费的客票运价为基准。

东上航国内运价适用条件表

本适用条件表适用于2018年 9月 4日（含）以后销售的 2018年9月4日（含）以后开始旅行的客票

舱位等级	OPEN	自愿签转	自愿变更			自愿退票				客票有效期
			航班规定离站时间7天之前	航班规定离站时间前7天（含）至航班规定离站时间前48小时（含）	航班规定离站时间前48小时（含）至航班规定离站时间前4小时（含）	航班规定离站时间前4小时（含）至航班起飞后	航班规定离站时间7天（含）之前	航班规定离站时间前7天（含）至航班规定离站时间前48小时（含）	航班规定离站时间前48小时（含）至航班规定离站时间前4小时（含）	航班规定离站时间前4小时（含）至航班起飞后	
U	允许	允许	免费	5%	5%	10%	5%	5%	5%	10%	除客票另有规定外，客票有效期自旅行开始之日起，一年内运输有效；如果客票全部未使用，则从填开之日起，一年内运输有效
F			免费	5%	5%	10%	5%	5%	5%	10%	
P	不允许	不允许	5%	10%	20%	25%	5%	10%	25%	30%	
J	允许	允许	免费	5%	5%	10%	5%	5%	5%	10%	
C	不允许	不允许	5%	10%	20%	25%	5%	10%	25%	30%	
D			5%	10%	20%	25%	5%	10%	25%	30%	
Q			5%	10%	20%	25%	5%	10%	25%	30%	
I			5%	10%	20%	25%	5%	10%	25%	30%	
W	允许	允许	免费	5%	5%	10%	5%	5%	10%	20%	
Y			免费	5%	5%	10%	5%	5%	10%	20%	
B			免费	5%	5%	10%	5%	5%	10%	20%	
M	不允许	不允许	5%	10%	25%	35%	10%	15%	30%	40%	
E			5%	10%	25%	35%	10%	15%	30%	40%	
K			5%	15%	30%	40%	10%	20%	40%	50%	
L			5%	15%	30%	40%	10%	20%	40%	50%	
N			5%	15%	30%	40%	10%	20%	40%	50%	
R			10%	20%	50%	70%	20%	30%	70%	90%	
S			10%	20%	50%	70%	20%	30%	70%	90%	
V			10%	20%	50%	70%	20%	30%	70%	90%	
T			10%	20%	50%	70%	20%	30%	70%	90%	
Z			10%	20%	50%	70%	20%	30%	70%	90%	
H			10%	20%	50%	70%	20%	30%	70%	90%	

图 2.37　东上航国内运价适用条件

3. 自愿退票退款的计算规定

（1）如果客票全部未使用，应从全部原付票款中减去根据退票规定收取的退票费，余额退还旅客。

（2）如果客票部分已使用，应从全部原付票款中减去已使用航段的票款，并扣除根据退票规定收取未使用航段的退票费后，余额退还旅客。

（3）旅客在航班的经停地自动终止旅行，该航班未使用航段自动作废，票款不退，但其他未使用航段仍可使用或退票。

四、非自愿退票

1. 非旅客原因的非自愿退票

承运人及其销售代理人为旅客办理非自愿退票手续，除"退款凭证"部分所涉及的材料外，还需要记载航班不正常信息的订座记录 PNR，或航空公司官网、App 或短信发布的航班不正常的截屏，或机场开具的航班不正常的纸质凭证等证明。非自愿退票退款处理方式如下。

（1）客票全部未使用，退还全部原付票款，不收取退票费。

（2）客票已部分使用，应从全部票价中扣除已使用航段的适用票价，将余额与未使用航段的票价比较，取其高者退还旅客，但不得超过原票价总额。免收退票手续费，同时未使用的税费退还旅客。

（3）航班如在非规定的航站降落，旅客要求退票，原则上退还降落站至旅客的到达站的票款，但退款金额以不超过原付票款为限。

2. 旅客因病退票

旅客因病要求退票，按照非自愿退票处理。须提供县级（含）以上或三甲级医疗单位出具的医生诊断证明，并在航班规定离站的时间前提出退票，在原购票地办理退票，不收取退票费。

患病旅客的陪伴人员要求退票，应以航空公司具体规定为准。

❧ 本 节 练 习 ❧

一、单项选择题

1. 以下退票，不应收取旅客退票费的有（   ）。
   A. 由于旅客健康状况不宜乘机引起的旅客退票
   B. 由于旅客证件不符合规定而引起的旅客退票
   C. 由于旅客违反有关国家规定而引起的旅客退票
   D. 由于旅客违反承运人的规定而引起的旅客退票

2. 电子客票在（   ）状态，可以申请退票
   A. SUSPENDED　　　　　　B. REFUND
   C. CHECK-IN　　　　　　　D. OPEN FOR USE

3. 旅客要求退纸质客票，应凭（   ）办理。
   A. 会计联和财务联　　　　B. 出票人联
   C. 乘机联与旅客联　　　　D. 乘机联

4. 旅客自愿退票，退款的办理地点为（   ）。
   A. 原购票地点　　　　　　B. 航空公司售票处
   C. 始发地点　　　　　　　D. 经停点

5. 下列（   ）旅客，在任何航空公司申请退票时，免收退票费。
   A. 婴儿　　　　　　　　　B. 革命残废军人
   C. 全票价旅客　　　　　　D. 儿童

6. 由于（   ），旅客在航班离站前要求退票，在始发站不能退还全部票款。
   A. 飞机故障航班取消　　　B. 承运原因航班提前起飞
   C. 安检时旅客证件过期　　D. 座位超售承运人不能提供原定座位

7. 旅客购票后因病要求退票，须提供（　　　）医疗单位出具的医生诊断证明，可按非自愿退票的规定处理。

    A. 区级（含）以上　　　　　　　B. 市级（含）以上

    C. 县级（含）以上　　　　　　　D. 乡镇级（含）以上

8. 某旅客购买了北京—海口—广州的联程客票，在北京至海口航班的中途站南京自动终止旅行，则以下说法正确的是（　　　）。

    A. 北京至广州航段票款不退

    B. 南京至海口航段票款可退

    C. 旅客可申请海口至广州航段的退票

    D. 旅客可申请南京至广州航段的退票

9. 旅客购买了 SHA-TSN 客票，由于机械故障，航班在经停地 NGB 取消，旅客要求退票，承运人退还（　　　）。

    A. 890 元（SHA—TSN）　　　　　B. SHA—TSN 票款，收取退票费

    C. 950 元（NGB—TSN）　　　　　D. NGB—TSN 票款，收取退票费

10. 以下陈述错误的是（　　　）。

    A. 未使用航段的机场建设费和燃油附加费，应全额退款

    B. 电子客票若已打印过行程单，退票时必须退还行程单

    C. 退票费一般以 10 元为单位，10 元以下四舍五入

    D. 客票已部分使用后非自愿退票，应从全部票款中扣除已使用航段的适用票价，将余额与未使用航段的票价比较，取其高者退还旅客，但不得超过原票价总额

二、判断并改错

1. 客票过了有效期不能使用，那必定也不能退票。　　　　　　　　　（　　　）

2. 客票退款，只能退给客票上所载明姓名的旅客本人。　　　　　　　（　　　）

3. 旅客要求退票，通常按原收款货币、原收款方式退款。　　　　　　（　　　）

4. 退票费是以客票的原付票款为基准，乘以对应的退票费率计算所得。（　　　）

5. 如果旅客要求变更乘机人，应按非自愿退票处理，重新购票。　　　（　　　）

第三章　旅客运输

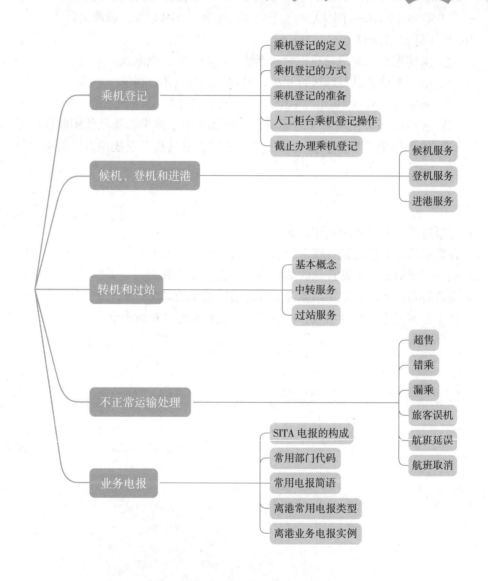

乘机登记
- 乘机登记的定义
- 乘机登记的方式
- 乘机登记的准备
- 人工柜台乘机登记操作
- 截止办理乘机登记

候机、登机和进港
- 候机服务
- 登机服务
- 进港服务

转机和过站
- 基本概念
- 中转服务
- 过站服务

不正常运输处理
- 超售
- 错乘
- 漏乘
- 旅客误机
- 航班延误
- 航班取消

业务电报
- SITA 电报的构成
- 常用部门代码
- 常用电报简语
- 离港常用电报类型
- 离港业务电报实例

📖 本章学习目标

　　知识目标：了解乘机登记、登机、接机、中转的定义；说出乘机登记、登机、接机、中转、行李运输的操作流程；概述电报的基本格式。

　　技能目标：能完成基本的乘机登记、登机、接机、中转、行李运输流程操作；能识读常见的电报。

　　素养目标：培养踏实苦干的劳动意识、精益求精的工匠精神，激发投身航空事业的使命感与责任感。

　　本章难点是服务流程，对于初学者而言在短时间内掌握比较困难。学习过程中可以根据自己的理解归纳，编制服务口诀，把服务内容和规范根据其特点编成歌谣、民谣、顺口溜的形式来加深记忆。

第一节　乘机登记

引例　我国尚有 10 亿人未乘坐过飞机

　　我国民航运输总周转量自 2005 年以来稳居世界第二，我国已成为名副其实的民航大国，然而与此同时我国民航出行普及率并不高。根据航旅纵横的大数据，2016—2020 年民航运输旅客人数（不是人次）分别为 1.15 亿、1.29 亿、1.43 亿、1.53 亿、1.19 亿。根据旅客乘机身份证件，剔除 5 年中同一旅客多次乘机的情况，得出这 5 年约有 3.4 亿旅客乘坐飞机。再考虑到小部分旅客 5 年前坐过飞机而这 5 年没有再坐过，以及 2020 年疫情导致的变化，实际坐过飞机的人数会略多于 3.4 亿，但不会太多。而根据 2020 年第七次普查，全国总人口数为 14.1 亿，因此约有 10 亿国人没坐过飞机。

　　中国民航高质量发展研究中心 2020 年指出：2019 年人均年乘机次数，美国 2.6 次、加拿大 2.4 次、澳大利亚 3.0 次，而我国仅为 0.47 次。中国民航在 2021 年到 2035 年发展阶段提出"人均航空出行次数超过 1 次"的目标，这就需要大力提高民航服务水平和能力，满足更多人个性化和多样化的出行需要，新时代的民航强国必定是大众化普遍服务的民航强国。

一、乘机登记的定义

　　乘机登记又称办理乘机手续或值机，英文称作 Check In，即为旅客登机前效验客票、有效证件、托运行李、领取登机牌等程序，同时也是航空公司通过系统或者地面服务人员为旅客办理乘机手续的过程。

乘机登记偏向中性，值机更偏向于航空公司的专业叫法，如航空公司设立有值机员的岗位，但是没有乘机登记员的岗位。

二、乘机登记的方式

1. 人工柜台值机

人工柜台办理值机是传统的值机方式，也称为开放式值机，由值机工作人员为旅客办理乘机登记手续。值机方式按照不同的划分标准，有以下几种类型。

（1）按照服务功能，分为普通值机柜台、高端旅客柜台（头等舱、公务舱以及高等级常旅客）、值班主任柜台等。

普通值机柜台就是为大部分普通旅客服务的值机柜台，也是机场中数量最多的柜台（见图3.1）。高端旅客柜台是基于航空公司的差异化服务，为头等舱、公务舱旅客以及航空公司的高等级会员提供值机的柜台（见图3.2）。值班主任柜台一般由值班主任当值，为处理突发状况以及普通柜台无权限处理状况而设立的柜台（见图3.3）。

图 3.1　普通值机柜台

图 3.2　高端旅客值机柜台

为进一步提升服务能力，除了常见的普通旅客柜台、高端旅客柜台和值班主任柜台之外，部分航空公司还增设了其他服务内容的柜台。例如，设置逾重行李收费柜台（见图3.4），此外还有候补召集柜台和团体旅客柜台等。

图 3.3　值班主任柜台

图 3.4　逾重行李收费柜台

（2）按照柜台设立的专属性，分为固定柜台与公共柜台。

在机场中，有些航空公司的航班量比较多，往往会设立固定的值机柜台。如图3.5所示，大兴机场3F的T岛，为东航和上航专享值机区。而有些航空公司的航班量比较少，租用固定柜台的性价比较低，往往会使用公共柜台作为值机柜台。

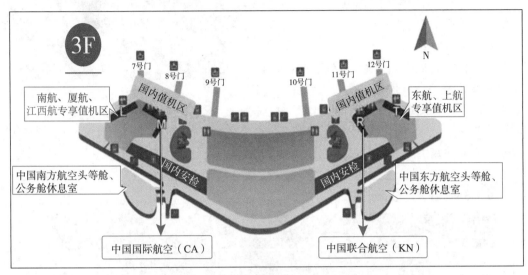

图3.5　大兴机场值机区分布

（3）按照柜台设立的地点，分为机场航站楼柜台与城市航站楼柜台。

机场由于飞机起降的技术特点，一般设立在远郊地区，机场航站楼柜台就是设立在机场内部的人工值机柜台。为了带给旅客更好的乘机体验，在市区交通便利的区域设置城市航站楼。图3.6是位于北京地铁草桥站的城市航站楼，旅客在城市航站楼就可以办理登机牌并托运行李，乘坐便捷的交通抵达机场，行李由航空公司送至机场。为吸引没有建造机场的邻近城市的客流，城市航站楼还出现在其他城市，如图3.7的大兴机场廊坊城市航站楼。

图3.6　大兴机场城市航站楼（草桥站）

图3.7　大兴机场廊坊城市航站楼

2. 特色值机

特色值机是区别于传统柜台值机的工作方式，主要包括以下几种。

1）机场自助值机

机场自助值机指旅客在机场借助专门的值机机器，自行完成旅行证件验证、选择座位、打印登机牌，如果需要交运行李，则在专设柜台完成行李交运的值机工作方式。图 3.8 是南航的自助值机柜台。

图 3.8　南航自助值机柜台

2）网上值机

网上值机指旅客自行通过互联网登录航空公司离港系统的自助值机界面，操作完成身份证件验证、选择确定座位并打印 A4 纸登机牌，如果需要交运行李，则旅客登机前在专设柜台完成行李交运，以自行打印的 A4 纸登机牌通过安检并登机的工作方式。图 3.9 是南航网上值机的操作界面。

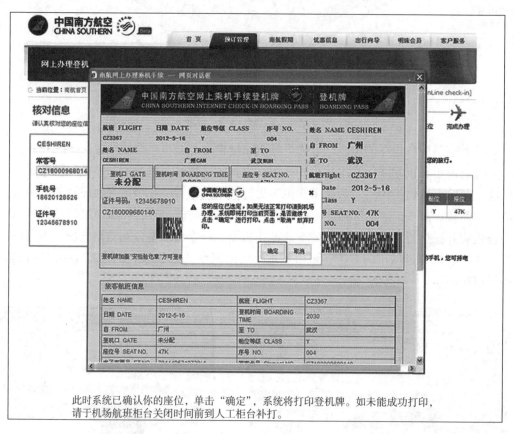

此时系统已确认你的座位，单击"确定"，系统将打印登机牌。如未能成功打印，请于机场航班柜台关闭时间前到人工柜台补打。

图 3.9　南航网上值机操作界面

3）手机值机

手机值机是指旅客通过手机上网，登录航空公司官方手机软件或程序，自行操作完成身份验证、选择并确定座位，由手机生成二维码电子登机牌（见图 3.10），或者航空公司以短信形式发送二维条码电子登机牌到旅客手机上（见图 3.11）。旅客到达机场后可以在专设柜台打印登机牌、交运行李，或者直接扫描二维码，完成安检登机。

图 3.10　二维码电子登机牌

【东方航空】尊敬的　　　旅客：我们已为您办理了　　　日上海虹桥至西安MU2162 航班上预留座位6J的登机牌。您的电子登机牌是https://s.ceair.com/FvR　　　。请您凭电子登机牌在乘机当日到虹桥机场T2航站楼安检口过安检，还可在东航自助值机设备或东航人工柜台补打登机牌过安检。您还可以凭身份证直接前往安检口过安检。如需取消登机牌，请通过"东方航空" App、"中国东方航空"微信公众号办理。

图 3.11　航空公司发送电子登机牌的短信

4）移动值机

工作人员在候机楼内手持装有值机系统的移动终端，录入旅客身份证信息后即可打印出登机牌（见图 3.12）。如有行李需要托运，旅客可前往补托运行李柜台凭登机牌办理行李托运手续。与其他自助办理值机方式相比，移动值机可提供与工作人员面对面交流的机会，作为手机值机、网上值机等自助值机方式的一个补充，尤其受到年龄偏大、较少使用网络、时间紧张旅客的欢迎。

图 3.12　移动值机

三、乘机登记的准备

乘机登记的准备，是指地面服务工作人员在人工柜台开始办理值机工作前所做的准备工作。如果旅客选择网上值机、手机值机、自助值机或移动值机等值机方式，通常不需要再到人工柜台办理值机。但是对于不熟悉以上值机方式或通过这些方式值机时遇到问题的旅客，往往会通过人工柜台办理乘机登记。

做好乘机登记的准备工作，了解当日航班的最新情况与相关要求，以便应对值机过程中各种复杂情况，减少运输差错和服务事故，提高工作质量和服务水准。其内容包括以下几个方面。

1. 参加岗前会议或了解岗前通报

参加岗前会议或了解岗前通报的最新信息，了解航班超售或延误等重要情况。

2. 整理仪容仪表

值机柜台工作人员作为直接与旅客接触的航空地面服务人员，个人的仪容仪表代表的是航空公司的形象。在工作前，必须对照相关规定与要求，对个人的面容、仪表、着装等进行检查。

3. 收集航班信息和运输信息

通过查阅当日航班预报，了解执行航班的机型、机号、预定离站时间、开始及截止办理乘机手续的时间、航线、经停站和终点站；了解执行航班的各舱位等级旅客人数、过站旅客人数、重要旅客和特殊旅客服务要求。

4. 检查、准备相关业务用品

空白登机牌、行李牌；易碎物品标识；向上标识；优先行李牌；旅客行李姓名牌；转机行李牌；团体行李牌；占座行李牌；头等舱、公务舱旅客休息卡等。

根据《业务用品清单》核对业务用品种类，避免遗漏上岗所需业务用品，同时清点并补足业务用品数量，保证在岗期间业务用品充足。根据各航空公司实际操作要求，做好以上相关业务用品的准备。

5. 柜台准备

按照柜台开放时间提前到达指定柜台，清理柜台桌面，摆放业务告示牌，开启柜台电脑，打开并登录离港值机系统，测试离港值机系统是否正常，测试磅秤、航显、行李传送带等设备是否正常。如遇到异常情况，应及时上报相关工作人员处理。

四、人工柜台乘机登记操作

人工柜台值机单次服务流程大致分为主动问候、票证查验、座位安排、行李托运、唱票交接共 5 个步骤（见图 3.13）。

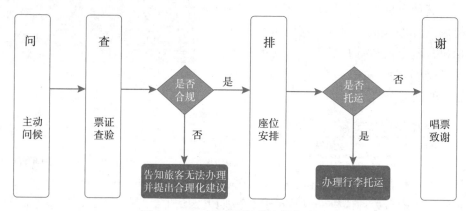

图 3.13　人工柜台值机单次服务流程

1. 主动问候

主动问候参考服务口诀：站立迎宾要主动，举手示意邀客来，问候询问要礼貌，观察仔细严把关，安全须知莫忘提。具体操作要点见图 3.14。

（1）迎：当目视有旅客到人工值机柜台时，距离旅客 5m 时起身站立；距离旅客 3m 时，上身略前倾，单手五指并拢，举手手掌过头顶平行线。

（2）问：距离旅客 1m 时，面带微笑，颔首示意，使用礼貌用语问候和询问，同时双手掌心向上，用礼貌用语请旅客出示证件。

（3）观：观察旅客的行为、年龄、精神或身体状况是否适合航空旅行，如不符合要求，拒绝值机。

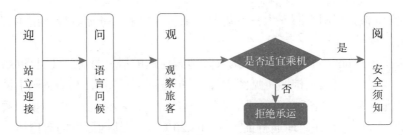

图 3.14　主动问候操作要点

旅客的行为、年龄、精神或身体状况不适合航空旅行的情况包括以下几种：神志不清者，指在办理乘机手续时，因身体不适造成神志不清而不能自制的旅客；醉酒旅客，指因酒精、麻醉品或毒品中毒，失去自控能力，在航空旅行中明显会给其他旅客带来不愉快或反感的旅客；经判断因伤、病不适宜乘机的旅客；无法确认怀孕周数，或经判断不适宜乘机的孕妇；出生不足 14 天的婴儿和出生不足 90 天的早产婴儿，以及与婴儿同行的监护人。

（4）阅：请旅客阅读安全须知。

2. 票证查验

1）票证查验的操作规范

票证查验参考服务口诀：有效本人才有用，客票查验看状态，确认航班与舱位，特殊旅客要耐心，证件补办需引导。票证查验的票是指客票的查验，证指的是证件的查验。具体操作要点，如图 3.15 所示。

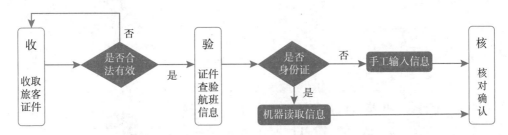

图 3.15　票证查验操作要点

（1）收：保持微笑，目光平视旅客，双手接收旅客递交的证件。

（2）验：查验客票与证件。一是需要提取客票信息，确认订座信息，确认客票状态为 OPEN FOR USE。关于客票的使用，详见第二章客票识读。二是检查旅客证件是否为有效的乘机证件，检查证件是否属于旅客本人持有以及证件是否在有效期内；选择旅客乘机航班，调取旅客信息，核对旅客所持证件上的姓名、证件号与系统中信息是否一致。

（3）核：核对旅客证件上的"五官"特征与持证人是否相符；姓名、证件号等个人信息是否与离港系统中旅客信息相符；确认航班、舱位是否与订座相符。若遇儿童，需要核实年龄，确定客票是儿童票状态。

2）国内航班乘机身份证件

（1）《民用航空安全检查规则》中的有效乘机身份证件。2017 年 1 月 1 日起施行

《民用航空安全检查规则》第三十一条规定：乘坐国内航班的旅客应当出示有效乘机身份证件和有效乘机凭证。

有效乘机身份证件的种类包括中国大陆地区居民的居民身份证（见图3.16）、临时居民身份证（见图3.17）、护照（见图3.18）、军官证（见图3.19）、文职干部证、义务兵证、士官证、文职人员证、职工证、武警警官证、武警士兵证、海员证，香港、澳门地区居民的港澳居民来往内地通行证（见图3.20），台湾地区居民的台湾居民来往大陆通行证（见图3.21）；外籍旅客的护照、外交部签发的驻华外交人员证、外国人永久居留身份证（见图3.22）；民航局规定的其他有效乘机身份证件。

汉文证件：

儿童证件：

少数民族文字证件：

图3.16　中华人民共和国居民身份证样本

图3.17　临时居民身份证样本

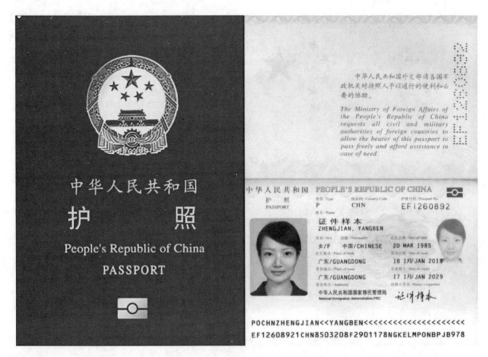

图 3.18　中华人民共和国护照样本

图 3.19　军官证样本

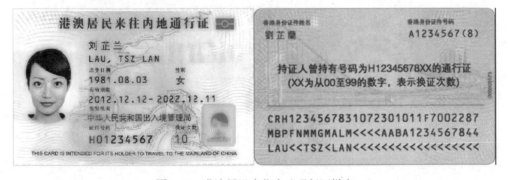

图 3.20　港澳居民来往内地通行证样本

图 3.21　台湾地区居民来往大陆通行证样本

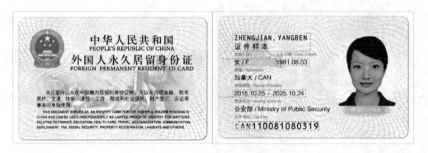

图 3.22　外国人永久居留身份证样本

十六周岁以下的中国大陆地区居民的有效乘机身份证件，还包括出生医学证明（见图 3.23）、户口簿（见图 3.24）、学生证或户口所在地公安机关出具的身份证明。

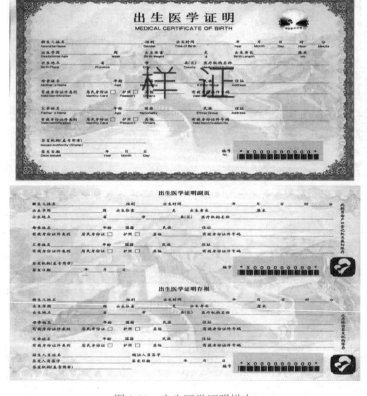

图 3.23　出生医学证明样本

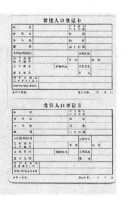

图 3.24　户口簿样本

（2）港澳台居民居住证。根据 2018 年 9 月 1 日起施行的《港澳台居民居住证申领发放办法》第十三条的相关规定，港澳台居民居住证（见图 3.25）可以作为港澳台居民乘坐国内航班的合法证件。

图 3.25　港澳台居民居住证样本

（3）临时乘机证明。如旅客证件过期或遗失，可以至机场公安办证处（见图 3.26）办理纸质乘坐中国民航飞机临时乘机证明（见图 3.27）作为有效的乘机身份证明使用。中国民航局于 2019 年 9 月 15 日正式启用"民航临时乘机证明"系统，旅客可以在线办理电子版的民航临时乘机证明（见图 3.28）。电子版临时乘机证明的有效期为15 天。

图 3.26 机场公安办证处

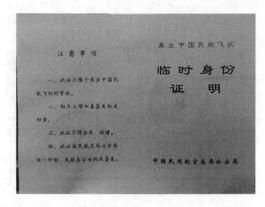

图 3.27 乘坐中国民航飞机临时身份证明

图 3.28 电子版民航临时乘机证明样本

3. 座位安排

1）座位安排的操作规范

座位安排服务参考口诀：先查后问再安排，合理范围优选座，紧急出口要合规，特殊旅客按规定。具体操作要点如图 3.29 所示。

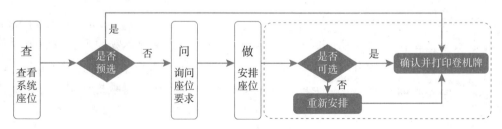

图 3.29 座位安排操作要点

（1）查：查看离港系统中可选座位。图 3.30 是离港系统座位图。

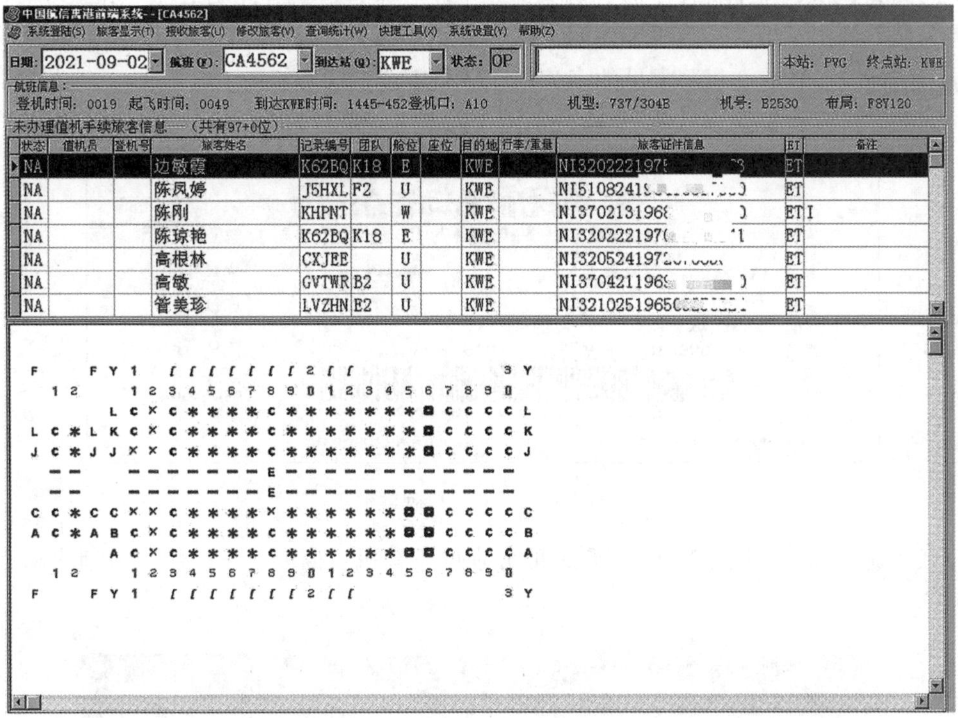

图 3.30　离港系统座位图

表 3.1 是座位图常见符号含义，其中 * 表示座位可利用。

表 3.1　座位图常见符号的含义

.	已经有旅客占用	*	可利用的座位
=	过道	[	机翼
E	此行或半行有紧急出口	D	VIP 留座
P	为未到旅客保留的座位	V	ASR 订座名单中保留座
B	可利用的摇篮座位	U	可利用的无人陪伴座位
X	锁定（不可利用）座位	C	最后可利用座位，* 用完后才可用

（2）问：询问旅客对座位的具体要求。

（3）做：根据离港系统中还未被占用的座位情况，结合旅客对座位的具体要求，按照"先到先得"的原则，向旅客发放对应舱位等级的座位并打印登机牌。如旅客的座位要求因客观原因无法满足，应耐心向旅客解释并提供座位的替代方案，帮助旅客完成选座并打印登机牌。

2）登机牌

登机牌是旅客办理乘机手续时领取的带有登机信息等内容的乘坐飞机的识别牌。登机牌正面印有机场、航空公司或其他民航机构的名称和徽记，以及乘机人姓名、航班号、航班目的站、座位号、舱位等级、日期与登机时间、登机口、重要提示等，并且一般对登机时间和登机口特别标注。旅客购买的是电子客票，登机牌注明 ETKT 和 13 位票号；旅客为航空公司常旅客，登机牌注明常旅客卡号；部分登机牌还注明允许吸烟航班或禁烟航班的标志。目前登机牌常见的多为两联登机牌或三联登机牌。

两联登机牌（见图 3.31），两联分别用于航空公司和旅客留存。

图 3.31　两联登机牌样本

三联登机牌（见图 3.32），三联一般分别用于登机口撕取、飞机舱门口撕取和旅客留存。

图 3.32　三联登机牌样本

3）客舱座位安排应遵循的一般规则

（1）根据各航空公司实际情况，提供预留座、网络值机等服务。

（2）在符合安全及飞机载重平衡的要求下，根据旅客所持客票的舱位等级，按"先到先服务"的原则选择座位。航班不满时，要兼顾机舱各区对飞机平衡的影响，尽量安排旅客平均分布。

（3）同行旅客、家庭旅客应尽量安排在相邻座位上。

（4）重要旅客及各航空公司高端会员座位尽量靠前安排，或在允许范围内尽量满足其要求。

（5）病残旅客、孕妇、无人陪伴儿童、盲人等需要特殊照顾的旅客应安排在靠近乘务员、方便出入的座位，但不应该安排在紧急出口旁边的座位上。

（6）可照顾婴儿摇篮的座位应优先安排给携带婴儿的旅客，然后再安排给其他旅客。事先预订者优先。

（7）需拆机上座位的担架旅客必须本着避免影响其他旅客的原则，一般应在客舱尾部，避免其他旅客在进出客舱时引起注意；所拆的座椅位置不能在紧急出口旁边。

（8）犯人旅客应安排在经济舱最后一排，且不靠近紧急出口和窗的座位，其押送人员必须安排在犯人旅客旁边的座位上。

（9）被安排在紧急出口的旅客必须符合紧急出口发放要求。

（10）因超售而非自愿提高舱位等级的旅客的座位，一般情况下应与该等级的付费旅客分开；非自愿降低等级的旅客应安排在降低等级后较舒适的座位上。

（11）根据航班衔接时间，优先将联程航班旅客安排在靠近客舱出口的座位。

　4）紧急出口座位的发放

与旅客需求无冲突的情况下，选择符合条件的旅客发放紧急出口座位（见图 3.33），告知旅客并征得旅客同意，告知旅客紧急出口须知（见图 3.34）。

图 3.33　客舱紧急出口　　　　　　　　图 3.34　紧急出口座位须知

根据民航局相关规定，以下旅客不得安排在紧急出口。

（1）该人的两臂、双手和双腿缺乏足够的运动功能、体力或者灵活性导致履行该座位旅客职责所列出的一项或者多项能力缺陷。

（2）该人不足 15 岁，或者如没有陪伴的成年人、父母或者其他亲属的协助，缺乏履行该座位旅客职责所列出的一项或者多项能力。

（3）该人缺乏阅读和理解本条要求的由公司用文字或者图表形式提供的有关应急撤离指示的能力，或者缺乏理解机组口头命令的能力。

（4）该人在没有隐形眼镜或者普通眼镜以外的视觉器材帮助时，缺乏足够的视觉能力导致缺乏本条款该座位旅客职责列出的一项和多项能力。

（5）该人在没有助听器以外的帮助时，缺乏足够的听觉能力听取和理解客舱乘务员的大声指示。

（6）该人缺乏足够的能力将信息口头传达给其他旅客。

（7）该人具有可能妨碍其履行该座位旅客职责所列的一项或者多项适用功能的情况或者职责（如要照料幼小的孩子），或者履行前述功能可能会使其本人受到伤害。

（8）不愿意履行占用紧急出口座位处应承担职责的旅客。

　4. 行李托运

行李托运服务参考口诀：托运行李要问清，安全询问不能忘，称重录入进位好，粘贴拴挂要仔细。办理乘机登记手续时，如旅客有行李需要托运，具体操作要点如图 3.35 所示。

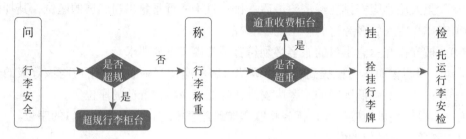

图 3.35　行李托运操作要点

1）问

询问旅客是否有需要托运的行李。如无托运行李，需要告知旅客火柴、打火机不允许随身携带，目测旅客手提行李尺寸和件数，若超过非托运行李限制，则建议旅客托运；如有托运行李，询问行李是否为旅客本人所有，是否为本人打包行李以及需要托运行李的件数。

对旅客开展安全提示。告知旅客托运行李不能有易燃易爆等危险品；告知旅客锂电池、充电宝等需要随身携带不能托运；询问托运行李是否有易碎物品、贵重物品等不适宜托运的物品，如有，建议旅客将不宜托运物品随身携带。

托运行李免责处理。在告知旅客安全提示的同时，目测判断行李体积、件数、类别，判断是否适合托运。如托运行李外包有破损，则需在行李牌背面"免除责任"（见图 3.36）行李图示的对应处进行圈画，并请旅客签字确认，以避免不必要的纠纷。如旅客坚持托运不适宜托运物品，圈画"免除责任"的类型，并请旅客签字确认才能托运。如旅客携带超大超重行李，告知旅客按照超规行李进行处理，需要到超规行李托运处进行托运。

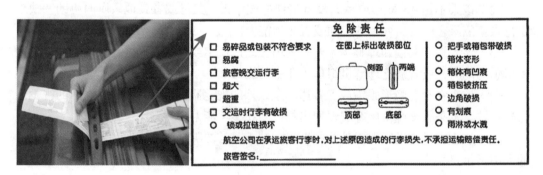

图 3.36　行李牌背面的"免除责任"

2）称

目视判断结束后，引导旅客将行李侧把手向上、轮向外置于行李传送带上开展行李称重，称重结果四舍五入保留到千克的整数。行李称重显示 50 千克以上的，不予托运。

　　要求旅客放置行李于传送带时侧面向上，是因为托运行李安检的 X 光机器采用侧面扫描形成图像，如果不侧面向上，而是平放，会造成重叠区域过多，不便于安检人员的识别检查。在图 3.37 中，很明显可以看到箱内有 2 个圆柱形物体与 3 个长扁平状物体；但是在图 3.38 中，很难全部识别出这 5 件物体。虽然近年也有 360 度环绕的 X 光检测仪，但是目前还未大规模推广，工作人员还是需要请旅客将托运行李侧把手向上置于传送带上。

图 3.37　托运行李侧放 X 光检测图像

图 3.38　托运行李平放 X 光检测图像

3）挂

　　将行李牌拴挂在托运行李与登机牌上。

　　目前行李牌常见的多为五联行李牌与三联行李牌，下面以五联行李牌的拴挂操作为例说明（见图 3.39）。

第五联　　　　　第四联　　　　　第二、第三联　第一联

图 3.39　五联行李牌

　　第一联，识别联，又称旅客领取联，供旅客到达领取托运行李使用。操作要点：第一联粘贴于登机牌正面不遮挡文字信息处（见图 3.40）或登机牌背面（见图 3.41）。操作常见错误：贴于登机牌副联；遮住紧急出口座位须知。

　　第二联，又称保险联，以保证行李拴挂联灭失的时候仍能根据第二联核查行李。操作要点：第二联粘贴于行李包装正面。

　　第三联，值机人员留底备查，以备个别旅客由于某种原因没有登机，能迅速找出旅客的托运行李牌号码，通知装卸人员将其托运行李卸下。操作要点：第三联粘贴于业务本上。

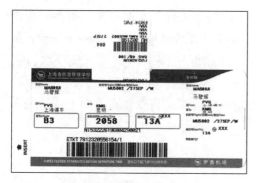

图 3.40　第一联粘贴于登机牌正面图

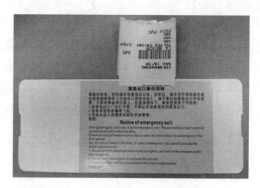

图 3.41　第一联粘贴于登机牌背面图

第四联，又称行李拴挂联，粘贴于托运行李把手上，便于识别。操作要点：第四联粘贴于行李把手上（见图 3.36 和图 3.42）。常见问题：两端未对齐，粘贴不牢固和不美观。

第五联，集装箱联，粘贴在装运该行李的集装箱上，以便卸下行李时，能准确、快速地找出该件行李（见图 3.43）。操作要点：无须值机柜台工作人员操作。

图 3.42　行李条的第二联和第四联

图 3.43　粘贴在集装箱上的第五联

以上五联行李牌粘贴的口诀如图 3.44 所示。

总结行李牌粘贴口诀	
01	第一联：贴于登机牌的背面
02	第二联：贴于托运行李正面
03	第三联：贴于业务本
04	第四联：贴于托运行李把手
05	第五联：不操作

图 3.44　行李牌粘贴口诀

4）检

告知旅客等待托运行李安检结束。

托运行李将传送至 X 光安检仪处（见图 3.45），由安检人员检查托运行李（见图 3.46）。实际操作中，如果安检时间短，则按照此服务流程完成；如果安检时间长，则往往直接进入下一个环节，即唱票交接，并请旅客在值机等待区等待 5~10 分钟等候安检结果。如安检人员发现托运行李无问题，值机柜台亮起绿灯。如发现可疑，值机柜台亮起红灯，值机工作人员提示旅客至行李开包处开包检查，旅客配合开包检查没有问题或去除可疑物品后，回到值机柜台。

图 3.45 X 光安检仪

图 3.46 安检人员判图

5. 唱票交接

当完成以上操作步骤后，需要将旅客的证件及登机牌、行李牌交到旅客手中。在此过程中，需要对登机牌上的特定内容进行圈画与告知，故而此步骤称为唱票交接。

唱票交接参考服务口诀：整理证件交旅客，圈画重点来唱票，指引安检要清晰，告别致谢暖人心。具体操作要点如图 3.47 所示。

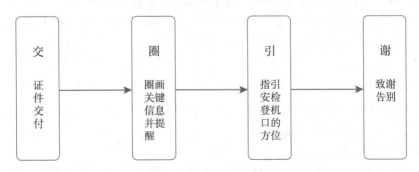

图 3.47 唱票交接操作

1）交

证件交付。交还旅客的证件，如果多位旅客一同办理值机手续，证件交付时请注意清点证件数量，以免遗漏。交付时需要目视旅客，将证件的旅客信息面向下，双手递交，注意保护旅客隐私安全，如图 3.48 所示。

2）圈

圈画登机牌关键信息并提醒。交付旅客登机牌时，通常需要告知并同时用笔圈画出座位号、登机时间、登机口号码及登机口关闭时间，以便提醒旅客注意。

3）引

指引安检登机口的方位。旅客办理完值机手续后，下一个环节是安检。为节约旅客时间，给旅客带来更好的值机体验，需要为旅客清晰指明下一个服务环节的方位，即安检的方位与登机口的方位，如图3.49所示。

4）谢

向旅客致谢告别。

图3.48　双手交付

图3.49　方向指引

五、截止办理乘机登记

1. 航班值机关闭操作

（1）目前国内大部分主要机场国内航班的值机关闭时间为航班计划起飞前40~45分钟，个别机场或特殊航班需提前30分钟或其他时限关闭。

（2）航班关闭接收完所有旅客后，应在系统中将此航班做航班关闭的操作。

（3）在某些时候，需要按照值机工作人员的工作号号段统计当前航班的办理情况。

（4）按各航空公司需要统计航班的各类特殊服务旅客。与行李部门工作人员确认行李收运情况。

（5）清点各类票据；回收空白的登机牌、行李牌，并关闭系统。

（6）值机、配载人员结算旅客人数、行李件数，结合货物装运情况制作载重平衡表并送交机组签字；编制所需的随机业务文件。

2. 航班离站后工作

（1）使用系统办理的航班，在航班离站后10分钟内，进行航班最终关闭操作，并按运输情况拍发旅客占座电报（SOM）、旅客名单电报（TPM）、旅客转机电报（PTM）、特殊旅客服务电报（PSM）、行李转机电报（BTM）等电报。

（2）有重要旅客的航班，须拍发重要旅客报（VVIP或VIP）电报。

（3）航班各舱位等级的乘机联数、电子客票状态必须与实际乘机人数保持一致。

（4）按各航空公司要求整理航班登机牌副联并保存。

❧ 本 节 练 习 ❧

一、填空题

1. 值机柜台，按照服务功能分为_____、_____、_____等；按照值机柜台设立的专属性，分为_____与_____；按照柜台设立的地点，分为_____与_____。

2. 人工柜台值机单次服务流程大致分为_____、_____、_____、_____、_____5个步骤。

3. 在客票的查验环节，需要提取客票信息，确认订座信息，确认客票状态为_____。

4. 安排座位时，一般遵循以下原则：在符合安全及飞机载重平衡的要求下，根据旅客所持客票的舱位等级，结合旅客对座位的要求，按"_____"的原则选择座位。

5. 当交付旅客登机牌时，通常需要告知并同时用笔圈画出_____、_____、_____及_____。

6. 国内大部分主要机场国内航班值机关闭时间为计划起飞前_____分钟，个别机场或特殊航班需提前_____分钟或其他时限关闭。

二、单项选择题

1. 在值机服务的主动问候环节，工作人员目视有旅客需要到人工值机柜台办理值机手续时，距离旅客（　　　）m时起身站立。
   A. 1　　　　　　　　　　　　　　　B. 3
   C. 5　　　　　　　　　　　　　　　D. 10

2. 国内航班旅客乘机证件不包括（　　　）。
   A. 身份证
   B. 临时居民身份证
   C. 护照
   D. 中华人民共和国机动车驾驶证

3. 如果您是一名值机柜台工作人员，紧急出口座位发放给下列哪位旅客（　　　）。
   A. 老人　　　　　　　　　　　　　B. 现役军人
   C. 儿童　　　　　　　　　　　　　D. 孕妇

4. 下列（　　　）物品不能作为托运行李托运。
   A. 充电宝　　　　　　　　　　　　B. 水果
   C. 雨伞　　　　　　　　　　　　　D. 含有金属拉链的衣服

5. 使用系统办理航班，航班离站后（　　　）分钟内，进行航班最终关闭操作。
   A. 10　　　　　　　　　　　　　　B. 20
   C. 30　　　　　　　　　　　　　　D. 40

6. 电子版的临时乘机凭证，有效期为（　　　）天。

A. 5   B. 10

C. 15   D. 30

三、实操题

1. 请根据图 3.50 所示登机牌，回答问题。

图 3.50　登机牌

（1）使用该登机牌的旅客姓名_____；机上座位_____。

（2）航班号_____；乘机日期_____；目的地_____。

（3）登机口_____；登机时间_____。

（4）客票号码_____；舱位等级_____。

2. 请根据图 3.51 所示行李牌的旅客领取联，回答问题。

图 3.51　行李牌

（1）旅客姓名_____。

（2）第_____个换登机牌。

（3）航班号和日期_____。

（4）行李件数和重量_____。

（5）行李牌号码_____。

3. 如果你是一名值机员，某经济舱旅客座位要求是前排靠窗的座位，系统显示座位可利用情况如图 3.52 所示，你应该给他安排的座位号是?

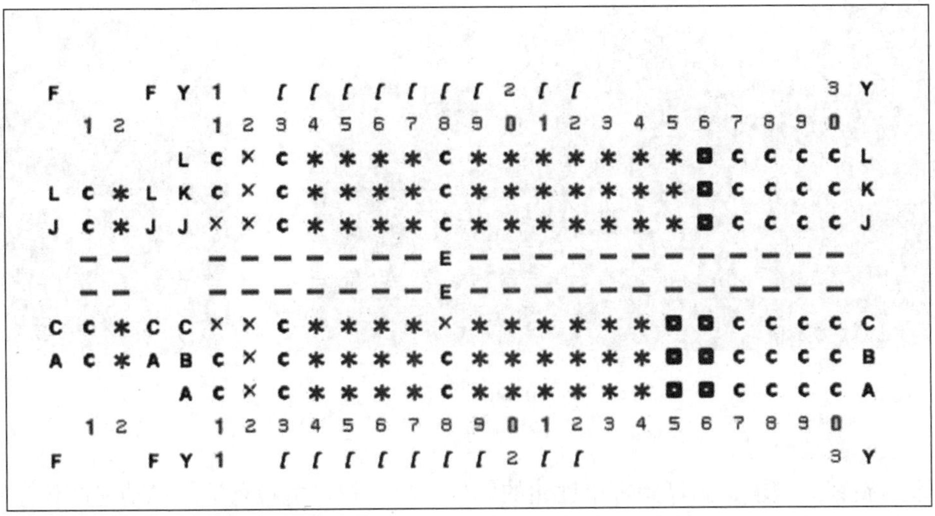

图 3.52　座位可利用情况

第二节　候机、登机和进港

> **引例　全国所有运输机场开通军人依法优先通道**
>
> 　　中国民用航空局、中央军委后勤保障部联合在全国运输机场开通军人依法优先通道，并把开通军人依法优先通道作为一项政治任务，不断创新完善优先通道服务内容和保障模式。
>
> 　　据了解，全国各运输机场在国内值机区设置军人依法优先柜台，在安检区设置专门通道，在登机口结合头等舱通道设置优先通道，并标注军人依法优先标识。持《军官证》《文职干部证》《武警警官证》以及军校的《录取通知书》等相关证件，可优先办理乘机业务。值机工作人员根据军人有效证件优先、依序办理手续，实现值机、安检、登机全过程优先快行服务。全国枢纽机场和一些重点机场还将军人依法优先工作纳入检查内容，从制度上细节上确保这项工作持续深入落实。

一、候机服务

　　候机楼以安检区域（见图 3.53）为界，安检区域以外的部分是向公众开放的休息活动区域，也称为陆侧（landside）；安检后的部分是只有乘机旅客和工作人员才能进入的隔离区，也称空侧（airside）。候机服务指旅客进入隔离区等待登机阶段所接受的服务。

图 3.53　安检区域

1. 候机服务原则

根据旅客的需求，满足旅客个性化的偏好需求，提供宽敞舒适的多功能的休息室服务及相关信息查询服务等。

（1）旅客办理乘机手续后，指引其在指定的候机区等候登机。

（2）安排头等舱旅客、公务舱旅客和贵宾卡旅客到相应贵宾休息室候机。

（3）旅客候机时，应提供候机位置、航班号、航班动态等必要的信息和引导服务。

2. 候机区分类

候机区根据服务旅客类型的不同，一般可以分为以下几类。

1）公共候机区

公共候机区（见图 3.54 和图 3.55）是为所有乘机旅客提供的安检后、登机前等候的公共区域，该区域一般包含以下设备设施：座椅、书报架、电视、航班动态显示系统、播音系统、餐厅、公用电话、商务区域、无线网络系统、商店、休闲娱乐区、饮水机、洗手间、垃圾桶等。

图 3.54　浦东国际机场 S1 卫星厅候机区　　　图 3.55　北京大兴机场候机区

2）特服候机区

特服候机区是指为特殊旅客提供安检后、登机前等候的公共区域，通常指儿童乐园（见图 3.56）、母婴室（见图 3.57）等。

图 3.56　北京大兴机场儿童乐园　　　　　　　图 3.57　北京大兴机场母婴候机区

3）贵宾休息区

贵宾休息区是为中高端商务旅客、军人（见图 3.58）、VIP（见图 3.59）等提供安检后、登机前接待服务的区域。一般休息区内设置儿童区、按摩区、睡眠区、旅客餐区、明档区、酒吧台、旅客休息区、自助餐台、阅读区、淋浴间、茶艺展示区、VIP 包房等功能区，同时也为旅客提供行李暂存服务。

部分贵宾休息区，除提供贵宾休息服务外，还提供协助办理值机、行李托运及提取（到达航班）、陪同搭乘捷运、边防优先办证（国际航班）、快速通道、陪同登机口登机、廊桥口举牌接机（到达航班）等服务，并设有独立的值机与安检通道，保障了旅客私密、快捷的服务需求。

图 3.58　贵阳龙洞堡机场"军人候机室"　　　图 3.59　上海虹桥机场 VIP 贵宾厅

3. 为登机服务做好准备

1）登机物品准备

登机口工作人员根据派发的航班任务，了解航班信息（航班号、飞机号、目的地、预计起飞时间、停靠位置等），并根据航班预计旅客人数准备好手工行李牌、免责行李牌等登机服务用品。

2）登机口柜台准备

根据各航空公司或各机场规定提前到达登机口。

（1）负责核对航显信息及航班的其他相关信息是否正确，包括但不限于航班号、飞机号、停靠桥位等。

（2）打开计算机，输入相关指令，将计算机切换至相应航班页面上。

（3）解答旅客问讯。

（4）巡视大厅，观察旅客手提行李，及时处理超规行李，做好解释工作。

（5）巡视大厅，了解老、弱、病、残、孕及怀抱婴儿旅客情况，准备安排其优先登机。

（6）掌握特服旅客情况，适时通知登机。

（7）设置登机口护栏隔离带，确保登机顺畅。

（8）根据航班机型，判断使用分舱插牌数量。

（9）登机口工作人员应与客舱经理/乘务长沟通，确定旅客登机时间。

3）登机前问询工作

登机口工作人员根据航班运行信息系统显示，回答旅客航班信息问讯。

（1）旅客前来问讯，登机口工作人员站立主动向旅客问好，然后耐心细致回答旅客问题，最后向旅客致意。遇到无法解决的问题及时向当日值班或旅客服务中心值班汇报情况。

（2）旅客提出超出公司可提供服务范围的服务时，应及时将旅客所需要的服务需求或投诉反馈给相应部门，工作人员尽可能提供信息指引，做好解释工作。

（3）登机口工作人员接到服务预案，做好现场旅客服务工作。

4）发布旅客登机通知

（1）航班开放登机后，登机口工作人员负责操作登机口航显系统，发布航班登机信息并通过广播系统发布登机广播，通知登机时间和登机优先顺序。

（2）通知航班管控员和贵宾室可登机的航班号。

（3）如非靠桥航班，工作人员还需要联系摆渡车和客梯车。摆渡车是指往返于航站楼与飞机之间接送旅客的专用车辆，如图 3.60 所示；客梯车是指供人员上下飞机使用的能升降有自动固定车身支架的专用车辆，如图 3.61 所示。

图 3.60　机坪摆渡车

图 3.61　客梯车

二、登机服务

1. 登机服务流程

机场的廊桥数量是有限的，而停靠的飞机数量往往大于廊桥数量，因而航班登机分为靠桥航班登机和远机位登机。服务流程见图3.62。

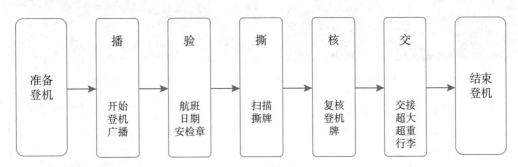

图3.62　登机服务流程

1）播

与乘务长确认航班可以开始登机时进行登机广播，组织引导旅客登机。普通旅客登机的同时，需兼顾优先登机旅客登机牌的扫描工作，以不出现优先登机旅客长时间等待的现象为原则。

2）验

目视旅客，双手接过登机牌，查验登机牌上的航班号、日期是否正确，查验登机牌上是否有安检章。

3）撕

通过离港登机系统扫描登机凭证，撕取登机牌副联，双手将登机牌递还给旅客，使用礼貌用语迎送旅客，指引旅客正确登机，防止旅客错乘。

4）核

在舱门口复核登机牌，收取旅客登机牌副联并致谢。将撕下的副联复核并清点张数，数量必须与系统中已登机旅客人数一致，向管控上报已登机总人数。在客舱口与乘务员核对已登机人数与行李情况。人数无误后请乘务长在《出港航班准备表》相应栏签字。

5）交

在客舱门口与地面装卸部交接超规行李、客舱溢出行李。

备注：远机位始发航班登机（见图3.63），相比较于靠桥始发航班（见图3.64）的差异是：指引旅客正确登上摆渡车，防止旅客错乘；增加外场扫描人员使用捷行设备进行登机牌扫描，核对人数应一致。

2. 登机次序

1）随时登机旅客范围

（1）重要旅客。

（2）头等舱、豪华公务舱、公务舱旅客。

图 3.63　远机位登机　　　　　　　　　　　图 3.64　廊桥登机

（3）航空公司贵宾卡旅客。

（4）军人及随行家属。

2）先行登机旅客范围

（1）有人押运的遣返旅客、罪犯（含犯罪嫌疑人）旅客和押运人员。

（2）携带婴儿的旅客、无成人陪伴儿童旅客、患病旅客、残疾旅客、轮椅旅客（包括行动不便的老年旅客）、担架旅客、盲人/聋人/听觉障碍旅客。

（3）携带占座行李的旅客。

3）最后登机旅客范围

经济舱旅客。

3.非托运行李超大超重的监控

1）不属于拦截范围的物品

（1）外交信袋。

（2）单独购票的占座行李，每张客票不超过 75kg，并符合承运人占座行李尺寸要求。

（3）随机押运的贵重物品、文件等（合理尺寸、重量）。

（4）旅途中使用的医疗设备（合理尺寸、重量）。

（5）残疾旅客的助残设备、允许带上飞机的服务犬。

2）行李拦截操作流程

（1）允许旅客携带符合规定的重量（体积）或经工作人员同意的非托运行李带入客舱内。

（2）拦截的超大/超重或客舱溢出的非托运行李，应使用《客舱溢出/免责行李牌》（见图 3.65）。对于符合免责条款的行李，应告知旅客行李的免责内容、可能在运输过程中产生的情况以及航空公司对此相应免责范围；经旅客同意并在《客舱溢出/免责行李牌》签署免除本公司相应部分责任时办理收运手续。

图 3.65　客舱溢出/免责行李牌

（3）应对旅客进行必要的安全询问和告知，并要求旅客在所拦截行李中取出不得作为托运行李运输的物品（如备用锂电池等）。

（4）应对旅客进行必要的提醒，以避免旅客将易碎物品、贵重物品、身份证件等放入所拦截行李内托运。

（5）在旅客非托运行李的数量、重量或体积超过航空公司规定的允许量，而其又不愿意将行李托运的情形下，根据各航空公司规定有权拒绝旅客登机。

4. 少本站旅客的处置

少本站旅客的处置是指旅客登机后人数不符，登机人数少于办理乘机手续旅客人数时的处置。

（1）复核航班登机人数（包括登机团队旅客），收取的登机牌与接收的旅客登机记录是否一致。

（2）检查、复核占座行李。

（3）在该航班离港系统接收旅客无误的情况下，应确定未登机旅客的姓名、座位号、托运行李件数、行李牌号、装载集装箱号或位置。

（4）在旅客候机区域内寻找旅客。

（5）如果在航班计划关闭舱门时间/预计关闭舱门时间前，旅客仍未登机，应卸下该旅客的托运行李，在征得机组同意后修改旅客登机记录和随机文件。

（6）取消旅客离港接收记录。

（7）取消未登机旅客的时间不应早于航班计划离港时间/预计离港时间。

（8）被取消的未登机旅客，按旅客漏乘情况处理。

5. 多本站旅客的处置

多本站旅客的处置是指旅客登机后人数不符，登机人数多于办理乘机手续旅客人数时的处置。

（1）复核航班登机人数（包括登机团队旅客），收取的登机牌与接收的旅客登记记录是否一致。

（2）在该航班离港系统接收旅客有误的情况下，应修改该旅客登机记录和随机文件。

（3）在该航班离港系统接收旅客有误造成航班超售的情况下，应按航班超售处理，在征得机组同意后修改旅客登机记录和随机文件。

（4）在该航班离港系统接收旅客无误的情况下，应找出未按正常途径登机的旅客并视情况拒绝其乘机，同时报告公司保卫部门和机场公安部门。

6. 登机新技术

1）"码"上登机

通过手机值机等方式生成电子二维码登机牌，通过扫描二维码确认旅客身份信息和航班信息，实现"无纸化"登机（见图3.66）。

2）"刷脸"登机

随着智慧机场的深入推进，北京大兴机场、成都天府机场等一大批国内机场使用了人脸识别技术（见图3.67）。旅客不用出示任何证件和纸质登机牌或者电子登机牌，刷脸就可以实现登机，比平常登机使用的时间少了一半，大幅提升了出行体验。

图 3.66　扫码登机

图 3.67　人脸识别登机

　　人体的面部结构都很相似，所以准确地区分人脸并不是一件简单的事情。人脸识别技术依据的是每个个体特有的生理和行为特征，将特定人员的面部细节存档，实现人脸检测、人脸对比、人脸查找等。此外它不同于普通的图像识别技术，还具备活体识别功能，即视频或照片中所出现的人脸是不能通过验证的，而真人却可以快速通过。除了人脸识别，现有的生物识别技术还包括指纹鉴识、虹膜识别、步态识别和字迹鉴定等。

三、进港服务

　　1. 进港准备

　　1）准备工作内容

　　（1）工作人员查阅电报和资料，了解到达航班上的相关情况并做好必要的准备。

　　↳ 了解进港航班的相关信息，包括但不限于航班号、飞机号、停靠机位等。

　　↳ 了解旅客信息，包括但不限于重要旅客、无成人陪伴儿童旅客、残疾旅客、轮椅旅客、担架旅客等。

　　↳ 了解其他情况，包括但不限于中转旅客、联程旅客、飞机旁交付行李等。

　　（2）核对机场航班动态信息。

　　（3）与客舱机组进行必要的单证交接，包括但不限于旅客舱单、申报单、业务袋、公邮箱等。

　　（4）重要旅客、头等舱及公务舱旅客在远机位下机时，有条件的机场应提供重要旅客（VIP）摆渡车服务。

（5）准备所需的设备或设施，包括但不限于客梯车、残疾人升降车、轮椅、担架等。

（6）及时将飞机到达动态信息通知联检单位。

2）服务人员 / 车辆到达时间

（1）按航班计划 / 预计到港时间前 5 分钟到达廊桥口或远机位的客梯车位置。

（2）事先得知重要旅客到达预报信息时，人员 / 车辆须在航班预计到达时间前 15 分钟内到达指定位置。

（3）飞机降落前或停靠机位后临时得知特殊旅客服务信息时，人员 / 车辆须在得到信息后 30 分钟内到达指定位置。

2. 进港操作流程

（1）工作人员根据进港航班预报，了解航班动态信息，包括航班号、飞机号、航程、停靠机位、预计落地时间等。

（2）在航班预计落地时间前到达接机位置。除机组成员和允许登机的工作人员外，禁止其他人员进入飞机客舱迎接旅客。

（3）与客舱机组交接特殊旅客服务事项。与客舱机组进行必要的单证交接，包括但不限于舱单、申报单、业务袋、公邮箱等。

（4）旅客名单根据各机场规定送至相应单位，做好交接工作（各个航空公司操作不同）。国际航班须征得联检单位同意后方可下客。

（5）在飞机舱门口（或客梯车旁）迎接旅客。确认全部旅客下飞机后方可离开。

（6）指引到达旅客至机场到达大厅。

3. 进港操作要求

1）靠桥航班操作要求

（1）飞机落地后，工作人员进入廊桥，待廊桥靠稳后，向乘务员做手势发信号，要求打开舱门。

（2）引导旅客下机。

2）远机位航班操作要求

（1）飞机落地，待确认客梯车停稳（飞机自备梯完全撤放完毕）后，工作人员方可上机进行相关交接事宜。

（2）待摆渡车到位后，向乘务员做手势发信号，要求下客。

（3）工作人员位于客梯下、机翼下等位置引导旅客乘摆渡车，阻止旅客在机翼下通过。

（4）工作人员在该车旅客全部上车并确保稳妥后，方可上车与司机做关于飞机号、航班号等信息的交接。

（5）最后一辆摆渡车发车前，工作人员必须与乘务员再次确认机上旅客是否已经全部下机。

（6）至到达大厅后，工作人员下车后，在摆渡车车门旁引导旅客进入候机楼，待旅客全部下车后，方可离开。

（7）引导过程中，工作人员要注意自己的站立位置，以能够照看到所有旅客为佳，辅以清晰的引导手势及语言。

3）接机安全事项

（1）摆渡车关车门时注意旅客安全，防止旅客受伤、夹伤的情况发生。

（2）旅客下机前，工作人员必须检查客梯车是否停稳。

（3）阻止旅客在机翼下穿行。

（4）防止旅客在机坪上随意走动。

4. 旅客下机顺序

1）先行下机旅客范围

（1）重要旅客、头等舱 / 公务舱旅客。

（2）在客舱曾提出急需中转、联程的旅客。

2）最后下机旅客范围

（1）（客舱内）醉酒旅客、罪犯（含犯罪嫌疑人）旅客。

（2）担架旅客。

5. 特殊情况

1）乘务员临时通知特服旅客

（1）及时通知相关部门工作人员。

（2）在特服人员尚未到位的过程中，协助乘务员做好特殊旅客服务工作。

2）国际到达旅客错走到国内到达

（1）立即至国内到达处寻找旅客，查验旅客原始登机牌。

（2）将该情况上报相关部门。

（3）与安检及联检部门联系。

（4）在安检及联检单位同意的情况下，将国际到达旅客引导至相应的到达出口。

3）国内到达旅客错走到国际到达

（1）立即至国际到达处寻找旅客，查验旅客原始登机牌。

（2）将该情况上报相关部门。

（3）与安检、边防联系。

（4）在安检及边防同意的情况下，将国内到达旅客引导至相应的到达出口。

❀ 本节练习 ❀

一、填空题

1. 候机服务指旅客进入＿＿＿＿＿＿＿＿＿＿＿＿＿＿＿等待登机阶段所接受的服务。

2. 候机区根据服务旅客类型的不同，一般可以分为＿＿＿＿＿＿＿＿＿＿＿、

＿＿＿＿＿＿＿＿＿＿＿＿＿、＿＿＿＿＿＿＿＿＿＿＿三类。

3. 单独购票的占座行李，每张客票不超过＿＿＿kg 并符合承运人占座行李尺寸要求。

4. 被取消的未登机旅客，按旅客＿＿＿＿＿＿＿＿＿＿＿＿＿＿＿＿情况处理。

5. 人员和车辆一般至少在航班预计到达时间前_____分钟到达廊桥口或远机位的客梯车位置；若事先得知重要旅客到达预报信息时，须在航班预计到达时间前_____分钟内到达指定位置。

6. 先行下机旅客范围：_____；_____。

二、不定项选择题

1. 随时登机旅客有（　　）。
   A. 重要旅客　　　　　　　　　　　B. 航空公司贵宾卡旅客
   C. 担架旅客　　　　　　　　　　　D. 军人及随行家属

2. 先行登机旅客范围有（　　）。
   A. 遣返旅客　　　　　　　　　　　B. 罪犯旅客
   C. 高舱位旅客　　　　　　　　　　D. 携带占座行李的旅客

3. 登机时，携带婴儿的旅客是（　　）。
   A. 随时登机旅客　　　　　　　　　B. 先行登机旅客
   C. 最后登机旅客　　　　　　　　　D. 根据其座位，分舱登机，礼让后排

4. 以下不属于超规非托运行李拦截范围物品的是（　　）。
   A. 外交信袋　　　　　　　　　　　B. 单独购票的占座行李
   C. 随机押运的贵重物品　　　　　　D. 允许带上飞机的服务犬

5. 登机口拦截行李时，应避免旅客将（　　）放入所拦截的行李内托运。
   A. 充电宝　　　　　　　　　　　　B. 易碎物品
   C. 身份证件　　　　　　　　　　　D. 贵重物品

6. 最后下机的旅客有（　　）。
   A. 醉酒旅客　　　　　　　　　　　B. 罪犯旅客
   C. 轮椅旅客　　　　　　　　　　　D. 担架旅客

第三节　转机和过站

引例　万米高空"穿梭中国"

上海浦东国际机场 20:20 分，由悉尼至上海的 MU562 航班准时到达，乘坐该航班的经上海前往巴黎的 20 名中转旅客，在东航"穿梭中国"国际中转服务柜台办理转机、海关及联检手续，23:30 分乘坐 MU553 航班顺利飞往巴黎。

自东航 1996 年成功推出"穿梭中国"中转服务后，中转旅客省去了同一航司前后两个航班分别办理的烦琐，在机场的中转区域就能完成下一个航班的手续。中转服务从单一的旅客转机和行李转运逐步向涉及安检、海关、检疫等手续一体化的

全方位覆盖。对旅客来说，享受了"穿梭中国"所带来的"方便顺畅"的感觉，体验了无缝衔接的中转；对航空公司来说，有利于建设中枢辐射航线结构，同时实现航线网络中任一点的空中联结，大大增强了市场竞争力。

一、基本概念

1. 转机（transfer）

转机：经承运人事先同意，旅客在出发地点和目的地点间旅行时，由旅客有意安排在某个地点的旅程间断。中转，一般指 24 小时以内的转机，如图 3.68 所示。

转机点：旅程间断的地点，也就是转换飞机航班的地点。若转机点停留超过 24 小时，称为中途分程点（stopover point）；若停留不超过 24 小时，称为非中途分程点（non-stopover point）。

联程运输：指由一个或几个承运人共同完成的单一合同的运输。包括同一航空公司之间航班的联运和不同航空公司之间航班的联运。同理，根据旅客进港与出发所属航空公司是否相同，转机分为同航转机（online transfer）和跨航转机（interline transfer）。

中转旅客：乘坐某一班飞机，在航班的经停地点或目的地点换乘该承运人或另一承运人的航班飞机继续旅行的旅客，如图 3.69 所示。

图 3.68　中转航班　　　　　　　　　　图 3.69　中转旅客

2. 经停（transit）

经停点（transit point）：除出发地点和目的地点以外，在客票或者乘承运人的班期时刻表内列明旅客旅行路线上预定经停的地点。

过站航班是指使用同一航班号的经停航班（见图 3.70）。

过站旅客是指在航班经停地点停留等待，继续旅行的旅客。

过站登机牌是指发给过站旅客再次登机用的识别牌，以下简称过站牌（见图 3.71）。过站登机牌的填写标准为内容完整、内容准确、字迹清晰。

3. 转机与经停的区别

转机是"转换飞机"，如旅客乘坐 CX6101 从北京到香港，继续乘坐 CX884 从香港到达洛杉矶，搭乘至少 2 个航班称为转机。转机是鉴于旅客的视角，往往因出发地到目的地没有航班直飞，选择组合几个航班来抵达目的地。

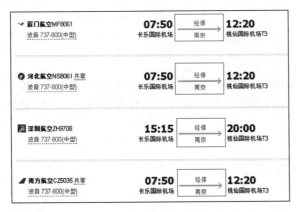

图 3.70　过站航班

图 3.71　过站登机牌

经停是"经过停留"，如 MU583 航班从北京出发，到达洛杉矶，该航班在上海浦东机场经停。经停是鉴于航班的视角，往往因为始发地和经停地客源不足，集合多地的客源提高客座率。而对于旅客，乘坐前甚至可能都不知道航班有经停。

二、中转服务

旅客中转类型有 4 种：国内航班转国内航班；国内航班转国际（地区）航班；国际（地区）航班转国际（地区）航班；国际（地区）航班转国内航班。目前同航转机的联程运输，航空公司一般提供中转服务。

1. 国内航班转国内航班流程

国内航班转国内航班流程见图 3.72。

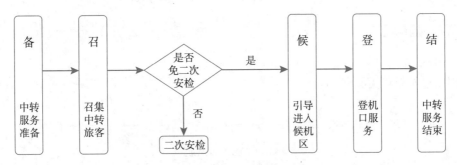

图 3.72　国内航班转国内航班中转流程

（1）备：航班落地 30 分钟前打印行李信息单给行李运输人员；提前安排摆渡车接送中转旅客。

（2）召：工作人员手举中转协助牌，召集中转旅客。根据中转旅客名单，复核其续程登机牌并在上面加盖中转章。

（3）"免二次安检"服务在机场条件允许的条件下向旅客提供。

乘坐始发航班进行的安检是第一次安检；乘坐转机航班进行的安检是第二次安检。未出隔离区的中转旅客"免二次安检"，大大提高了旅客出行的便利和中转机场航班保障的效率。

（4）候：联程票旅客或者无托运行李旅客，可以无须安检，直接进入候机区；如不能向旅客提供"免二次安检"服务，向旅客说明情况，并指引其办理中转手续后，进入候机区。

当旅客最短转机时间（minimum connecting time，MCT）短于规定时间时，中转引导人员应根据航班运行情况向旅客提供急转服务，全程陪同协助旅客尽力完成后续航班衔接。

（5）登：引导旅客有序登机。

（6）结：确认无旅客逗留，交接相关单证，结束工作任务。

2. 国内航班转国际（地区）航班

（1）航班降落前 30 分钟将通程航班旅客的出发航班号、姓名、人数、行李件数信息书面通报海关及检验检疫单位。

（2）托运行李需开箱检查的，中转引导人员协助旅客配合海关办理相关手续。

3. 国际（地区）航班转国际（地区）航班

（1）航班降落前 30 分钟将通程航班旅客的出发航班号、姓名、人数、行李件数信息书面通报海关及检验检疫单位。

（2）托运行李需开箱检查的，中转引导人员协助旅客配合海关办理相关手续。

（3）引导旅客办理过境手续。

4. 国际（地区）航班转国内航班

（1）前段航班降落前 30 分钟将中转旅客的航班号、姓名、人数、中转行李件数等信息书面通报海关及检验检疫单位。

（2）引导中转旅客至中转厅（中转区域）等待行李清关。

三、过站服务

1. 国内过站航班

国内过站航班见图 3.73。

MU9883：宁波 ———→ 烟台（经停）———→ 长春

图 3.73　国内过站航班

根据相关旅客信息电报或离港系统，提取过站旅客信息，准备相应数量的过站牌；相邻两个或以上的航班应使用不同颜色，以便区分。

（1）航班开始登机时，安排过站旅客优先登机。

（2）在登机口检查每一位旅客的航程信息及原始登机牌。

2. 出发过境航班

出发过境航班见图 3.74。

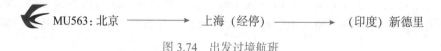

MU563：北京 ———→ 上海（经停）———→ （印度）新德里

图 3.74　出发过境航班

出发过境航班：由国内其他城市始发，经停本地后飞往国外的航班。

关封：因过境航班旅客过海关的需要，国内两地之间海关互通的旅客及航班信息。

（1）工作人员在航班上客完毕后，将关封送上飞机。如旅客人数有所变动，及时将旅客信息告知海关，请示关封修改方式，并将修改后的关封送上飞机。

（2）其他操作同国内过站航班操作。

3. 到达过境航班

到达过境航班见图 3.75。

MU564：（印度）新德里 ⟶ 上海（经停） ⟶ 北京

图 3.75　到达过境航班

到达过境航班：由国外始发，经停本地后飞往国内其他城市的航班。

（1）过境航班登机时，在国内出发登机口完成登机程序，过境旅客优先登机，如有过境旅客未及时登机，工作人员可根据旅客名单及时寻找出未登机旅客，及时广播催促登机。

（2）待登机完毕后，国内登机口人员将关封送上飞机。

❧❀ 本 节 练 习 ❀❧

填空题

1. 过站航班是指使用同一航班号的＿＿＿＿＿＿＿＿＿＿＿＿＿＿＿＿＿＿＿＿＿航班。

2. 中转一般指＿＿＿＿＿＿＿＿＿＿＿＿＿＿＿＿＿＿＿＿＿小时以内的转机。

3. 根据进 / 出港的运输情况，中转旅客可以分为＿＿＿＿＿＿＿＿＿＿＿＿＿、＿＿＿＿＿＿＿＿＿＿＿＿、＿＿＿＿＿＿＿＿＿＿＿＿＿四种。

　4. 准备过站登机牌时，相邻两个或以上的航班应使用＿＿＿＿＿＿＿＿＿＿＿＿＿颜色；开始登机时，过站旅客应＿＿＿＿＿＿＿＿＿＿＿＿＿＿＿＿＿登机。

根据图 3.76 所示航班信息回答第 5 ~ 9 题。

```
1- *GJ3251  NGBCGQ 0950    1235    738 0^L  E   DS# YA SA BA HS LS QS PS GS VS
2    MF8075  NGBCGQ 0950    1235    738 0^L  E   DS# YA HA BA MA LS KS NS QS VS TS*
3  *CZ4050  NGBCGQ 0950    1235    738 0^L  E   DS# YA BA MA HS US AS LS ES VS ZS*
4  *MU3251  NGBCGQ 0950    1235    738 0^L  E   DS# YA BA MA ES KS LS NS RS SS
5  *NS6079  NGBCGQ 0950    1235    738 0^L  E   DS# YA HA BA MA LS KS NS QS VS TS*
6  *3U2051  NGBCGQ 0950    1235    738 0^L  E   DS# YA TA HA GS LS ES RS KS NS
7    MU9883  NGBCGQ 1505    1940    320 1^S  E   DS# JL CL DL QL IQ YA BQ MQ EQ HQ*
8    MU5223  NGBXIY 0735    1020    320 0^B  E   DS# J1 C1 D1 QS IQ Y7 BQ MQ EQ HQ*
     MU2271     CGQ 1400    1710    320 0^       DS# J5 C1 D1 Q2 IQ YA BA MA E8 HQ*
9+   CA1854  NGBPEK 0930    1155    32A 0^N  E   DS# J7 C7 D7 Z5 R3 YA BA MA UA HQ*
     CA1629     CGQ 1440    1640    319 0^N  E   DS# J3 C3 D2 ZU RQ YA BS MS UQ HQ*
```

图 3.76　航班信息

5. 航程的始发地是＿＿＿＿＿＿＿＿＿，目的地是＿＿＿＿＿＿＿＿＿＿。

6. 与 MF8075 代码共享的航班有＿＿＿＿＿＿＿＿＿＿＿＿＿＿＿。

7. 直达航班中有经停的航班是＿＿＿＿＿＿＿＿＿，有＿＿＿＿个经停点。该航班的离站时间是＿＿＿＿＿＿＿＿＿，到达时间是＿＿＿＿＿＿＿＿＿。

8. 序号为 8 的航班，转机点是＿＿＿＿＿＿，进港航班号是＿＿＿＿＿＿，出港航班号是＿＿＿＿＿＿。根据进港与出发所属航空公司是否相同，判断为＿＿＿＿＿＿转机。

9. 序号为 9 的航班，转机点是＿＿＿＿＿，在该转机点停留时间＿＿＿＿＿。

第四节　不正常运输处理

引例　航班延误，真情服务不延误——记山东东营机场彩虹班组

航班一旦延误，旅客安抚、食宿安排、机票退改签等各种工作交织在一起，东营机场旅客服务部彩虹班组积极响应民航局"真情服务"要求，第一时间投身到保障一线，全力做好航班延误后旅客的后续服务保障工作。

老员工冲锋在前做表率，新员工不甘落后勇担当。他们耐心做好旅客解释工作，细心安抚旅客情绪，及时帮助老弱病残孕旅客提拿行李物品，精心安排旅客食宿，合理调配现场保障人员，满足旅客服务保障需求。面对情绪激动甚至爆粗口的旅客，从来没有抱怨，始终面带微笑坚守在服务旅客的最前沿。彩虹班组全体员工用最佳的工作状态保障旅客的顺畅出行，用实际行动诠释"人民航空为人民"的责任与担当。

一、超售

超售指超过航班最大允许座位数的销售行为。

旅客订票后并未实际购买或购票后在不通知航空公司的情况下放弃旅行，会造成航班座位虚耗。为满足更多旅客的出行需求和避免航空公司座位的浪费，航空公司会在部分容易出现座位虚耗的航班上，进行适当的超售，这是国际航空界的通行做法。

1. 超售的处理预案

超售的处理预案包括以下四种：

（1）非自愿降舱；

（2）自愿升舱；

（3）自愿弃乘；

（4）拒载。

2. 优先保障乘机顺序

（1）执行国家紧急公务的旅客。

（2）经承运人同意并事先做出安排的有特殊服务需求的旅客，保证具备乘机条件的残疾人及其陪伴人员的运输。

（3）高舱位旅客。

（4）航空公司贵宾会员旅客。

（5）订妥联程航班座位或转机衔接时间较短的旅客。

（6）证明有特殊困难急于成行的旅客。

二、错乘

错乘是指旅客乘坐了不是客票上列明的航班。

航空公司对旅客错乘航班应承担相应责任，根据旅客意愿进行安排，必要时还需安排食宿。

1. 旅客要求直接前往目的地

安排错乘旅客在错乘地乘坐航班或交通工具，到达其原客票列明的目的地。

2. 旅客要求返回始发地再前往目的地

安排错乘旅客返回始发地，并尽早安排搭乘后续航班飞往原客票目的地。

3. 旅客要求退票

旅客不再前往原客票目的地，在错乘地或返回始发地后提出退票，按非自愿退票规定办理。

三、漏乘

漏乘是指旅客在出发地办理乘机手续后或在经停地过站时未搭乘上指定的航班。

1. 旅客自身原因或非航空公司原因发生漏乘

（1）始发站漏乘。按旅客误机办理相关手续。

（2）经停站漏乘。旅客因自身原因或其他非航空公司原因中断旅行的，公司不承担任何责任，该航班未使用航段的票款不退。

旅客因健康原因中断旅行的，由旅客提供医院诊断证明，其客票按照非自愿变更、签转、退票及因病延期规定办理。

2. 航空公司原因发生漏乘

（1）始发站漏乘。尽早安排漏乘旅客乘坐后续航班成行，航空公司承担由此导致的客票签转、住宿膳食安排等费用；旅客要求退票，按非自愿退票规定办理。

（2）经停站漏乘。在乘机等候期间免费提供该旅客膳宿；旅客要求退票，按非自愿退票规定办理。

四、旅客误机

误机是指旅客未按规定时间办妥乘机手续或因旅行证件不符合规定而未能乘机。民航业把误机简称为 No Show，即航班有订座而未实际乘机。

旅客发生误机，应到乘机机场或原购票地点办理改乘航班、退票手续。

1. 误机后要求变更航班

在后续航班有空余座位的情况下，承运人应积极予以安排，并根据自愿变更相关规定收取相应费用。

2. 误机后要求退票

按自愿退票处理，承运人可以收取适当的退票费。

五、航班延误

航班未在规定时间内正常起飞，均称为航班延误。造成航班延误的原因包括飞机故障、航班计划、商务、机组、调配等航空公司原因，以及天气、突发事件、空中交通管制、安检及旅客等非航空公司原因。

1. 信息发布

在值机柜台、登机口、贵宾室等区域，通过机场广播、航显、张贴延误通告等形式，对外发布航班不正常原因、旅客处置方案、预计起飞时间等信息。

如预计起飞时间无法确定，需每隔 30 分钟向旅客通告一次航班最新动态。

旅客要求出具航班延误书面证明的，航空公司应当及时提供。

2. 航班延误 4 小时以下

（1）按各航空公司规定发放饮料、点心、正餐。

（2）航班延误时间正值用餐时间应提供正餐。

3. 航班延误 4 小时以上

（1）非航空公司原因延误且预计延误时间超过 4 小时（含）或取消，根据旅客需求协助办理各项手续，相关费用旅客自理。

（2）由于航空公司原因航班延误，应按相关标准免费提供饮料、点心或正餐服务，并安排旅客至宾馆休息。安排专人陪同旅客至宾馆，并做好与宾馆方面的服务交接工作；因特殊情况而无法安排人员陪同旅客前往宾馆，应事先联系宾馆，要求宾馆方面代表公司安置旅客，并与宾馆方面保持沟通，及时处置旅客在宾馆提出的相关服务需求。

六、航班取消

航班取消是指因预计航班延误而停止飞行计划或者因延误而导致停止飞行计划的情况。

1. 销售服务部门

使用后台系统迅速锁定订座系统，停止继续售票。

2. 地面服务部门

对未能接到航班取消通知而按原定航班时间到达机场的旅客，应安排专门人员进行善后的服务工作。

（1）征得旅客同意，办理客票更改、签转、退票手续。

（2）安排本航空公司后续最早航班。

（3）无后续本航空公司航班或后续航班无空余座位可利用时，签转给其他航班的承运人，其中联盟成员航空公司的航班优先。

（4）安排陆路运输或其他运输方式。

（5）旅客要求出具航班取消书面证明的，航空公司应当及时提供。

❧❧ 本节练习 ❧❧

单项选择题

1. 以下不是航班超售时处理预案的是（　　）。

    A. 自愿弃乘 　　　　　　　　　　B. 取消航班

    C. 拒载 　　　　　　　　　　　　D. 非自愿升舱

2. （　　）不属于航班超售时优先保障的旅客。

    A. 重要旅客 　　　　　　　　　　B. 航空公司贵宾卡旅客

    C. 担架旅客 　　　　　　　　　　D. 航空公司内部免票旅客

3. 以下对于错乘旅客，处理错误的是（　　）。

    A. 安排错乘旅客返回始发地，票款不补不退

    B. 安排错乘旅客返回始发地，并尽早安排搭乘后续航班飞往原客票目的地

    C. 安排错乘旅客在错乘地乘坐航班或交通工具，到达其原客票列明的目的地

    D. 旅客不再前往原客票目的地，在错乘地或返回始发地后提出退票，按非自愿
       退票规定办理

4. 以下对于漏乘旅客，处理错误的是（　　）。

    A. 航空公司原因旅客始发站漏乘，其客票可以按照非自愿退票规定办理

    B. 旅客自身原因始发站漏乘，其客票可以按照非自愿退票规定办理

    C. 航空公司原因旅客经停站漏乘，其客票可以按照非自愿退票规定办理

    D. 因健康原因经停站漏乘，旅客若能提供医院诊断证明，其客票可以按照非自
       愿退票规定办理

5. 旅客办理乘机登记手续后，因在免税店购物未能及时赶到登机口，而没有搭乘
   上航班，指的是（　　）。

    A. 超售 　　　　　　　　　　　　B. 错乘

    C. 漏乘 　　　　　　　　　　　　D. 误机

6. 旅客在赶往机场的路上遭遇堵车，未能及时赶到机场办理乘机手续，因而没能
   搭乘上航班，指的是（　　）。

    A. 超售 　　　　　　　　　　　　B. 错乘

    C. 漏乘 　　　　　　　　　　　　D. 误机

7. No Show 指的是（　　）。

    A. 超售 　　　　　　　　　　　　B. 错乘

    C. 漏乘 　　　　　　　　　　　　D. 误机

8. 航班延误起飞时间尚未确定，应每隔（　　）分钟通告一次航班最新动态。

A. 15　　　　　　　　　　　　　B. 30

C. 45　　　　　　　　　　　　　D. 60

9. 因机械故障航班延误（　　）小时以上，应安排旅客宾馆休息。

A. 1　　　　　　　　　　　　　B. 2

C. 4　　　　　　　　　　　　　D. 6

10. 航班取消，以下处理不正确的是（　　）。

A. 为办理客票更改、签转、退票手续，并收取对应的服务费用

B. 安排本航空公司后续最早航班

C. 无后续本航空公司航班或后续航班无空余座位可利用时，签转给其他航班的承运人，其中联盟成员航空公司的航班优先

D. 安排陆路运输或其他运输方式

第五节　业务电报

引例　航空业的"鸿雁传书"——SITA 电报

电报发明于 1837 年，飞机发明于 1903 年。当飞机逐步获得广泛使用时，急需一种快速而准确的方法来获取相关的航班、天气和商务信息用于飞行保障和业务。此时，使用已经成熟的电报系统成为一项必然的选择。

国际航空电信协会（Société Internationale de Télécommunications Aéro-nautiques，SITA），是专门承担国际各航空运输企业通信和信息服务的合资性组织。该公司由荷兰、德国、英国等国的 11 家航空公司于 1949 年 2 月共同创立，成立初期总部设在法国巴黎，后迁移至瑞士日内瓦。SITA 属于国际航空运输协会（IATA）成员之一，拥有 600 名成员和 1800 多个客户，其中中国民航于 1980 年 5 月加入。

如今网络越来越发达，电报也可以在计算机端进行收发，而 SITA 电报仍然在航空领域发挥着其独特的作用，为全球几乎所有的航空业参与方（航空公司、机场、全球分销系统（global distribution system，GDS）及其他航空企业）提供稳定、高效的服务，包括旅客预定系统、全球货物追查系统、飞机票价系统、飞行计划系统、航空航务系统和电报系统等。

我国民航电报分为 AFTN 和 SITA 两种格式。AFTN 格式电报供空中交通管制部门使用；SITA 格式电报供航空公司航务部门及运输服务部门使用，两种格式不能混合使用。来往于航空公司间的客运服务中日常使用的各类电报，均使用 SITA 格式拍发。

SITA 电报按业务类型可分为旅客运输电报、行李服务电报、航班信息电报、货邮运输电报等。

一、SITA 电报的构成

1. 电报流水号

报头由电路识别和流水号组成，例如，KIS999，其中 KI 是部门代码，国际客运室；流水号是 1 位字母和 3 位数字的组合。

2. 电报缓急标志

（1）一级：SS、QS、QC，特急拍发。

SS 或 QS 标志只能用于生命安全的电报，或有关航空器事故的电报。

QC 标志专门电信人员用作澄清情况的特急公务电报。

（2）二级：QU、QX，加急拍发。值机电报一般用 QU 发送。

（3）三级：除 SS、QS、QC、QU、QX、QD 以外其他标志的电报。

（4）四级：QD，普通拍发。

这类电报应在手头无其他较高等级的电报时再进行发送，但一般不得迟于次日上午将电报投递给收电人。

3. 收电地址

收报地址由七个字母组成：前三个字母为 IATA 规定的地名代码；中间的两个字母为部门代码；最后两个字母为 IATA 规定的航空公司或机构的代码。

【例】PVG　　　　　　KO　　　　　　MU
　　　↓　　　　　　　↓　　　　　　　↓
　机场三字代码　　部门两字代码　　航空公司两字代码
　　　↓　　　　　　　↓　　　　　　　↓
　浦东机场　　　　国内客运部　　　　东航

（1）如部门代码不明，则可用 XY 代替（机场一般通用 AP）。

（2）如无指定航空公司代码，则可用 YY 代替（不常用，除非需要通知收电地址的所有航空公司）。

（3）电报需要回收打印，则在所有收报地址的最后抄送本部门收报地址，格式：CPY XXXX 收报地址。

【例】QU HRBAPCA CPY XXXX PVGKOMU（释义：加急拍发，收报单位是国航哈尔滨机场办事处，同时抄送东航浦东国内客运部）。

（4）多个航程的航班，如果旅客的目的地为最后一个航站，必须同时向这几个航站拍发电报。

【例】航班为 MU2160 PVG-XIY-INC，拍发信息 QU XIYTZMU INCTZCA CPYXXXX PVGKOMU（释义：加急拍发，收报单位是东航西安国内平衡室和国航银川国内平衡室，同时抄送东航浦东国内客运部）。

4. 发报地址

（1）与收报地址一样，发报地址由七个字母组成。

（2）发报地址前必须加点 "."否则电报无法发送。

（3）如承担该电报 SITA 网路费用的航空公司或机构不是发报人，则发报地址需用

"双签字"，例：.SHAKIMU SQ/230810。

5. 电报识别

（1）电报识别由字母或数码组成。如使用日时组，则用格林尼治时间表示。

（2）电报识别后面，如有需要，可以加一业务附注，说明该电报由谁负责。

【例】.SHAKIMU 230810/HUANGYING。

6. 电报正文

不同类型的电报，正文内容有很大差异，但一般都有以下几项信息。

（1）电报类型，如 TPM PTM SOM 等，PSM 电报常为 ///VIP ADV/// ///UM ADV/// 等。

（2）航班信息。

备注："X"或者"STP"，表示本句内容结束。

PDM 重复电报：为了可靠地发送或者接到要求，需要重复一份前已发送的电报时，必须在电文前单列 PDM 简字，成为单独的一行。

COR 更正电报：当一行已发的电报内容有错误，需要正确重复时，或者错误部分将由一份新电报更正，应在更正的电报识别前（如有的话）单列一行，以"COR"（更正）简字表示。

COL 复述：作为电报电文本身的最后一个项目，可以重复证实电文重要部分的正确性，在这之前应有一"复述"（COL）简字。

7. 电报结尾信号 "="

电报内容完毕后，必须以"="结尾，电传机才会认为电报结束，开始传送。

二、常用部门代码

常用部门代码见表 3.2。

表 3.2　常用相关部门 SITA 地址代码

代码	部门名称	代码	部门名称
KI/AP	国际客运室	LL/LZ	国际行李查询室/中心
KO	国内客运室	LN	国内行李查询室
FF	国际货运部门	FD	国内货运部门
KD	航班生产调度室	QP	总调度室
KL	国际平衡室	TZ	国内平衡室
TJ	中转服务室	KM	服务室特殊服务组
HH	配餐部门	UR	国际关系处，外事部门
RR	市内售票处	RZ	售票处座位控制部门
RC	国际航班订座控制	RD	国内航班订座控制
RP	PTA室	UF	市场销售处，航班计划室
UO	签派室	DD	公司驻外办事处
KK	公司办事处负责人	AP	驻外办事处机场办公室

代码	部门名称	代码	部门名称
UA	财务处	UB	经营管理处、质量计量处
UC	宣传广告公司	UD	航务部、处
UE	科教处	UG	通用航空处
UH	营运部（处）、商务部	UI	航行情报室
UJ	设备管理处	UL	飞机维修厂、机务中心
UK	总师室（飞行、工程、经济、会计）	UN	飞行大队
UM	飞机维修工程部、机务处	UQ	货运处（科）
UP	客运处（科）	UT	生产调度室
US	供应处、客舱服务部门	UW	计划处
UV	飞行安全技术处	UY	电讯处、通信主管
UX	航空公司中心电台	RG	团体订座
UZ	航空公司总裁或总经理	RM	自动订座中心
RT	运价计算	FC	国际货运载量控制
TX	销售业务代理（旅行社）	FS	市内国际货运
FI	机场国际货运部门	HH	配餐部门
FT	市内国内货运	KN	机场国内配载
HC	航空食品公司	LD	机场国内货运查询
KP	国内乘机手续及机场中转售票	LI	机场国际货运查询
KU	集装设备控制中心，管理部门	MR	驻外办事处机务负责人
OW	驻外办事处航务负责人		

三、常用电报简语

因为早期电报通信成本很高，按照通信的字符数来收费，人们为了节约电报通信成本，同时也为了提高传输效率，产生了电报简语，而这些简语基本上是英文缩写，见表 3.3。

表 3.3　常用电报简语

简语	英文全称	中文注释
ABT	ABOUT	关于
ABV	ABOVE	在……的上面
A/C	AIRCRAFTS	飞机
ACC	ACCORDING	根据，按照
ACCOM	ACCOMMODATION	膳食，设备

简语	英文全称	中文注释
ACDG	ACCORDING	相符的，一致的
ACK	ACKNOWLEDGE	确认，签收
ACPT	ACCEPT	接受
ADC	ADDITIONAL CHARGES	额外费用，附加费用
ADD	ADDRESS	地址
ADGLY	ACCORDINGLY	相应地，因此
ADNO	ADVISE IF NOT OK	如未妥请告知
ADOA	ADVISE ON ARRIVAL	到达时请告知
ADOK	ADVISE IF OK	若妥请告知
ADV	ADVISE	告知
AFT	AFTER	在……之后
AGT	AGENT	代理人
AMT	AMOUNT	总数，总计
ANS	ANSWER	回答
AOG	AIRCRAFTS ON GROUND	航材
APPVL	APPROVAL	批准，认可
APREC	APPRECIATE	欢迎，感激，欣赏
APT	AIRPORT	机场
ARNG	ARRANGE	安排，整理
ARR	ARRIVE	到达
ASAP	AS SOON AS POSSIBLE	尽可能快
ASST	ASSIST	帮助
ATA	ACTUAL TIME OF ARRIVAL	实际到达时间
ATD	ACTUAL TIME OF DEPARTURE	实际出发时间
ATTN	ATTENTION	注意
AUTH	AUTHORISE	批准，授权
AVALL	AVAILABLE	可用的
AVIH	ANIMAL IN HOLD	活动物
AWB	AIR WAYBILL	运单
BKD	BOOKED	已预订
BLND	BLIND PASSENGER	盲人旅客
BRDG	BOARDING	登机
BSCT	BASSINET CARRYCOT BABY BASKET	婴儿摇篮

续表

简语	英文全称	中文注释
BTWN	BETWEEN	两者之中
CBBG	CABIN BAGGAGE	客舱行李
CERT	CERTIFY	证明，证实
CFM	CONFIRM	确认
CGO	CARGO	货物
CHG	CHANGE	改变
CHK	CHECK	检查
CHD	CHILD	儿童
CHRG	CHARGE	运费，费用
CHTR	CHARTER	包机
CIP	COMMERCIALLY IMPORTANT PASSENGER	重要商务旅客
CL	CLASS	舱位
CLM	CLAIM	认领，索取
CN	CONTENTS	内物
CNTR	CONTAINER	集装箱
CNX	CANCEL	取消
COLL	COLLECT	收取，收集
CPY	COPY	抄送
CTC	CONTACT	联系
CTSY	COURTESY	礼貌，谦逊
DAPO	DO ALL POSSIBLE	尽一切可能
DB	DENIED BOARDING	拒载
DEAF	DEAF PASSENGER	聋哑旅客
DEF	DEFINITE	确定
DEPO	DEPORTEE	遣返
DEST	DESTINATION	目的地
DHD	DEFINITED LOADDED	确定已装机
DIPB	DIPLOMATIC BAG	外交信袋
DISPO	DISPOSITION	处理，安排
DLV	DELIVERY	交付，递送
DLY	DELAY	延误
DMGD	DAMAGED	破损
DNG	DOWNGRADE	降舱

简 语	英 文 全 称	中 文 注 释
DOC	DOCUMENT	文件
DOI	DATE OF ISSUE	发布日期
DOM	DOMESTIC	国内的
DTE	DATE OF ISSUE	发布日期
DUP	DUPLICATE	复制
EOM	END OF MESSAGE	报文结束
EXST	EXTRA SEAT	额外占座
FM	FROM	从……
FOC	FREE OF CHARGE	免费
FRAG	FRAGILE	易碎的
FRAV FLT	FIRST AVILABLE FLIGHT	最早可利用航班
FVR	FAVOUR	受益
FWD	FORWARD	发送，速运
FYI	FOR YOUR INFORMATION	供您参考
GRP	GROUP	团队
ID	IDENTIFICATION	识别
IMM	IMMEDIATE	立即的，迫切的
IMMI	IMMIGRATION	移民局
INCL	INCLUDE	包括
INF	INFANT	婴儿
INFM	INFORM	通知
ISO	INSTEAD OF	代替
L/B	LEFT/BEHIND	遗留，留下
LBLD	LABLED	已贴标签
LCTD	LOCATED	位于
MAAS	MEET AND ASSISTANT	迎接和协助
MCH	MATCH	匹配
MGS	MASSAGE	信息
MNFST	MANIFEST	舱单
MPQ	MISSING PROPERTY QUESTIONNAIRE	丢失行李调查表
MT	MY TELEX	我的电报
MVT	MOVEMENT	动态

续表

简语	英文全称	中文注释
NBR	NUMBER	数目，号码
NEG	NEGATIVE	否定的，无
NIL	NOTHING	无
NOCN	NO CONNECTION	（行李）没有消息
NOSH	NO SHOW	误机
NSST	NO SMOKING SEAT	不吸烟位
O/E	OUR ENDS	我处
O/T	ORIGINAL TAG	原始标签
OB	ON BOARD	在飞机上
OHD	ONHAND	现有的
OSI	OTHER SERVICES INFORMATION	其他服务情况
P/L	PILFERED/LOST	被盗／丢失
PDM	POSSIBLE DUPLICATE MESSAGE	可能重复的电报
PLS	PLEASE	请
PPT	PASSPORT	护照
PSGR	PASSENGER	旅客
PTA	PREPAID TICKET ADVICE	预付票款通知
REFWD	REFORWARD	重发，再次发送
RLSE	RELEASE	释放
ROE	RATE OF EXCHANGE	兑换率
RPLY	REPLY	答复，回复
RQST	REQUEST	申请
RSLT	RESULT	结果
RSTR	RESTORE	恢复
RT	ROUTING	航线
RUSHR	RUSH REPLY	快速答复
RYT	REFERENCE YOUR TELEX	参阅你方来电
S/S	SHORT SHIPPED	短接
SA	SAID	以上述及的
SBY	STANDBY	候补
SEMN	SEAMAN	海员
SKED	SCHEDULE	时刻表，工作计划
SND	STILL NEED	仍然需要

续表

简语	英文全称	中文注释
SOM	SEATS OCCUPIED MESSAGE	占座电报
SPCL	SPECIAL	特殊的
STN	STATION	航站
STP	STOP	停，句号
TBA	TO BE ADVISE	待复
TEL	TELPHONE	电话
THRU	THROUGH	通过
TKNO	TICKET NUMBER	票号
TKS	THANKS	感谢
TRBL	TROUBLE	麻烦
TRCR	TRACE	追踪
TRSF	TRANSFER	转移
TTL	TOTAL	总数，总计
U/XT	UNDER RUSHTAG	所挂的速运行李牌
UM	UNACCOMPANIED MINOR	无成人陪伴儿童
UPG	UPGRADE	升舱
URGT	URGENT	紧急
VIA	BY WAY OF	经过
WZ	WITH	和
XBAG	EXCESS BAGGAGE	逾重行李
XT	RUSH TAG	速运行李
Y/E	YOUR ENDS	你处
YR	YOUR	你的

四、离港常用电报类型

离港常用电报类型见表 3.4。

表 3.4　离港常用电报类型

电报类型	英文全称	中文释义
BTM	BAGGAGE TRANSFER MESSAGE	中转行李报
CPM	CONTAINER PALLET MESSAGE	箱板报
LDM	LOADING MESSAGE	装载报
MVT	FLIGHT MOVEMENT MESSAGE	动态报

续表

电报类型	英 文 全 称	中 文 释 义
PNL	PASSENGER NAME LIST MESSAGE	旅客名单报
PSM	PASSENGER SERVICE MESSAGE	特殊旅客服务报
PTM	PASSENGER TRANSFER MESSAGE	旅客中转报
SPM	SEAT PROTECTED MESSAGE	座位保护报
SOM	SEAT OCCUPIED MESSAGE	占座报
TPM	TELETYPE PASSENGER MANIFEST	旅客舱单
FTL	FREQUENT TRAVEL LIST	常旅客服务报
PFS	PASSENGER FINAL SALES MESSAGE	最后销售报

五、离港业务电报实例

1. TPM 旅客舱单

QD PEKAPMU BRUKKMU BRUKPSN MADDDMU SHAKIMU

.SHAKIMU 180100/HUANG

TPM

MU551/01JUL SHA C04 Y19.0.1 PART 1

–BRU C02 Y05.0.1

C

TAIN/DW

SUN/B

Y

TANG/YM

FANG/YY

WANG/JH

SHAO/LF

XIAN/M

GU/XT INF

END PART 1

=

QD PEKAPMU BRUKPSN BRUKKMU MADDDMU SHAKIMU

.SHAKIMU 180100/HUANG

TPM

MU551/01JUL SHA C04 Y19.0.1 PART 2

–MAD C02 Y14

C
SHI/W
HUANG/SZ
Y
CAO/HY
LIU/C
HUANG/JW
HE/M
SHI/W
MENG/HN
SONG/FY
LI/XW
HUANG/SHZ
END PART 2 =

QU PEKAPMU BRUKPSN BRUKKMU MADDDMU SHAKIMU ———— 收报组
.SHAKIMU 180100/HUANG ———— 发报组

MU551/01JUL SHA C04 Y19.0.1 PART3
–MAD ———— 航班信息

Y
WEI/XH
PETER/R
RICHARD/M ———— 舱位对应的旅客名单
SONG/J
ZHENG/SL

END PART3
END TPM
= ———— 结束标志

备注:

7月1日从上海出发的MU551旅客,公务舱4位,经济舱19位成人、0位儿童、1位婴儿。

其中到马德里的旅客,公务舱2位,经济舱5位成人、0位儿童、1位婴儿。

其中到布鲁塞尔的旅客,公务舱2位,经济舱14位成人、0位儿童、0位婴儿。

2. PTM 旅客中转报

QU HKGKPCA HKGAPCA HKGKDCA HKGKTCX HKGRSCX —————— 收报组

.SHAKIMU 180045/HUANG ———— 发报组

PTM ———— 电报报头

MU501/01JUL SHA ———— 航班信息

CX406/01JUL　　Y04.0.1B5
–TPE
WANG/XD Y1B2
CHOU/HT WCHR Y1B2
ZHANG/JM Y1B0
ZHANG/HM INF
CHU/MN Y1B1

转机航班信息
旅客姓名 / 舱位 / 托运行李件数

CI652/01JUL　　F1C2Y4B12
–TPE
GU/H　F1B1
LEE/JM C1B2
HSIE/JH C1B2
HUANG/M CHD　　Y1B1
YENG/D/D Y1B2
CHEN/H Y1B2
CHAI/SL Y1B2

CX430/01JULY4B6
–KHH
CHIN/BPY1B2
YEN/BX　　　　Y1B0
YEN/GHY1B2
HUNG/CH　　　Y1B2

END PTM

=

备注：

　　乘坐 7 月 1 日 MU501 从上海出发，转机 7 月 1 日 CX406 航班前往台北，旅客有经济舱 4 位成人、0 位儿童、1 位婴儿，行李有 5 件。

　　搭乘 7 月 1 日 CI652 航班转机前往台北，旅客有头等舱 1 位，公务舱 2 位，经济舱 4 位，行李有 12 件。

　　搭乘 7 月 1 日 CX430 航班转机前往高雄，旅客有经济舱 4 位，行李有 6 件。

3. SOM 占座报

QU PEKAPMU BRUKPSN BRUKKMU SHAKIMU

.SHAKIMU 180130/HUANG

SOM ——————————————| 电报报头 |

MU551/01JUL SHA

-BRU 2A 4CD 19ROW 20ROW 25ROW 26DEFGH —————| 各站使用座位

-MAD 1AB 3C 15AB 16CD 17ABFGHJ 27CDEF 30BC 35CD

PROT EX

-PEK 7AB 45CDFGHJ 46CDFGHJ 47CDFGHJ —————| 各站锁定座位

-BRU 7AB 45CDFGHJ 46CDFGHJ 47CDFGHJ

SI

PAD

NIL

XCR

NIL

SOC

NIL

TTL

    BRU C03 Y29.0.1

    MAD C03 Y30.0.2

END SOM

=

备注：

PROT EX = "PROTECTED EX" 占座锁定

SI = "SUPPLEMENTARY INFORMATION" 补充信息

PAD = "PASSENGER AVAILABLE FOR DISEMBARKATION" 旅客可以下机

XCR = "SEATS OCCUPIED BY EXTRA CREW" 占座（机组额外成员）

SOC = "SEATS OCCUPIED BY DEADLOAD" 占座（行李／货物）

4. MVT 动态报

QU PVGUOMU PVGAPMU LHRAPMU SHAUOMU

.LHRAPXH162119 MVT

MU552/16.B6537.LHR

    AD2056/2112 EA0824 PVG —————| AD MEANS "ACTUAL DEPARTURE" 实际起飞时间
    PX217   EA MEANS "ESTIMATED ARRIVAL" 预计到达时间
                                 PX MEANS "PASSENGER" 旅客

SI

=

5. LDM 装载报

QU PEKAPMU PEKTZCA PEKTJCA PEKUOMU PVGKLMU

.SHAKOMU 170558

LDM

MU5199/16. B6126.F38Y262.2/13 ——— 机号、座位布局、实际机组

–PEK. 197/0/0/0.T13133.1/937.2/4935.3/3385.4/3875.5/1. PAX/13/184.PAD/0/0

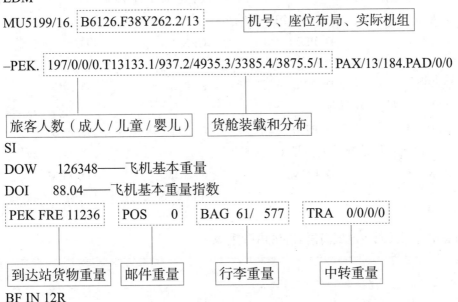

旅客人数（成人／儿童／婴儿）　　货舱装载和分布

SI

DOW　　126348——飞机基本重量

DOI　　88.04——飞机基本重量指数

PEK FRE 11236	POS　　0	BAG 61/ 577	TRA　0/0/0/0
到达站货物重量	邮件重量	行李重量	中转重量

BF IN 12R

=

✤✤ **本节练习** ✤✤

一、单项选择题

1. SITA 电报中（　　　）等级，是只能用于生命安全的电报，或有关航空器事故的电报。

   A. QS　　　　　　　　　　　　B. QX

   C. QU　　　　　　　　　　　　D. QD

2. SITA 电报中（　　　）等级，应在手头无其他较高等级的电报时再进行发送。

   A. QS　　　　　　　　　　　　B. QX

   C. QU　　　　　　　　　　　　D. QD

3. 关于 SITA 电报地址 SHAKOMU 的陈述，正确的是（　　　）。

   A. SHA 是上海虹桥机场　　　　B. KO 是国内客运室

   C. MU 是东航　　　　　　　　D. 以上都正确

4. 关于 SITA 电报陈述，不正确的是（　　　）。

   A. 电报地址由七个字母组成

   B. 发报地址前必须加点 "." 否则电报无法发送

   C. 抄送本部门收报地址，格式：CPY XXXX 收报地址

D. 电报必须以"。"结尾，电传机才会认为电报结束，开始传送

5. 如现在是北京时间 10 月 1 日 0730，那么格林尼治时间是（　　　）。

    A. 9 月 30 日 2330　　　　　　　　　　B. 9 月 30 日 2230

    C. 10 月 1 日 1530　　　　　　　　　　D. 10 月 1 日 1530

6. 电报正文中（　　　）表示本句内容结束。

    A. COR　　　　　　B. PDM　　　　　　C. X　　　　　　D. =

7. （　　　）是特殊旅客服务报。

    A. PFS　　　　　　B. PSM　　　　　　C. PNL　　　　　　D. SPM

8. （　　　）是旅客中转报。

    A. BTM　　　　　　B. PTM　　　　　　C. FTL　　　　　　D. PFS

9. 发送座位占用情况的电报是（　　　）。

    A. MVT　　　　　　B. LDM　　　　　　C. SOM　　　　　　D. TPM

二、填表题

请写出部门代码或电报简语对应的中文释义。

部门代码			
KO		TZ	
KI		KL	
KP		TJ	
KK		RR	
AP		DD	
电报简语			
A/C		FWD	
ARR		FYI	
ASAP		MAAS	
ASST		FYI	
CHK		O/E	
DAPO		Y/E	
NEG		SA	
UPG		XBAG	
TKS		TRSF	

三、实操题

根据图 3.77 中电报信息回答 1~7 题。

```
QU SHATZMU CANUFCZ BJSTDCA
·CANTZCZ CZ/121435
LDM
CZ3503/12NOV B-2127 F12Y191 3/5
—SHA 193/02/01 T4380 1/380 2/1500 3/2000 4/500
PAX/8/187
BW 48561 BI 46.5
SHA FRE 3500 POS 500 BAG 380 TRA 0 BAGP 35
=
```

图 3.77　电报信息

1. 电报的发报地址（中文）_____。
2. 电报的类型（中文）_____。
3. 航班号和日期_____，飞机的机号_____。
4. 执行航班的机组情况是飞行机组_____位，乘务机组_____位。
5. 乘坐飞机的旅客有成人_____位，儿童_____位，婴儿_____位。
6. 飞机的座位布局是_____；实际乘坐头等舱旅客_____位，乘坐经济舱_____位。
7. 货舱总共装载_____kg。
其中 1 舱_____kg，2 舱_____kg，3 舱_____kg，4 舱_____kg。
其中货物_____kg，邮件_____kg，行李_____kg。

第四章 特殊旅客

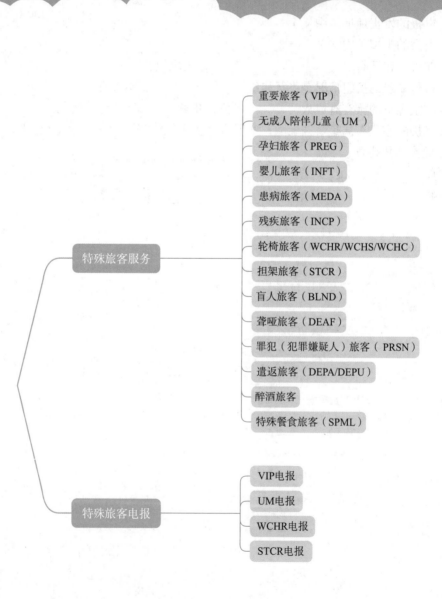

特殊旅客服务
- 重要旅客（VIP）
- 无成人陪伴儿童（UM）
- 孕妇旅客（PREG）
- 婴儿旅客（INFT）
- 患病旅客（MEDA）
- 残疾旅客（INCP）
- 轮椅旅客（WCHR/WCHS/WCHC）
- 担架旅客（STCR）
- 盲人旅客（BLND）
- 聋哑旅客（DEAF）
- 罪犯（犯罪嫌疑人）旅客（PRSN）
- 遣返旅客（DEPA/DEPU）
- 醉酒旅客
- 特殊餐食旅客（SPML）

特殊旅客电报
- VIP电报
- UM电报
- WCHR电报
- STCR电报

本章学习目标

知识目标：理解 14 种常见服务类型的概念和范畴，识记特殊服务的代码。

技能目标：掌握特殊服务的操作要点；识读 VIP/UM/WCHR/STCR 特服电报。

素养目标：培养急他人之所急的服务意识和帮他人之所需的担当精神，激发在助人的工作过程中实现自身的职业价值和理想。

第一节　特殊旅客服务

引例　孤独症少年能不能坐飞机？

2016 年 11 月 15 日下午 3 点半，在准备从郑州飞往珠海的候机过程中，因为等待时间较长，一位在父亲陪同下的 13 岁孤独症少年有些烦躁，说话声音很大。航空公司工作人员认为其行为有异，在得知其为孤独症后，认为"行为不正常，有可能危害其他旅客"拒绝其登机。航班临近起飞，情急之下，少年的父亲与工作人员一度发生争执。少年的父亲认为，工作人员要求登机需要医院开具"适宜登机"的证明，这是航空公司对儿子的歧视。

孤独症少年被拒载事件，迅速引发各界关注。一些网友表示，"不能理解，没有一点人情味，孤独症的孩子更需要关爱""孩子和他的父母够可怜的了，整天面对拒绝太让人心疼了"。也有网友认为，"出于对其他乘客和飞行安全的考虑，航空公司有权拒绝。毕竟飞行安全是最重要的"。对特殊群体的权益如何保护，民航旅客运输中安全和服务如何保障，都值得社会和业界的重视和反思。

特殊旅客是指需给予特别礼遇和照顾的旅客，或由于其身体和精神状况需要给予特殊照料，或在一定条件才能运输的旅客。

特殊旅客的运输与普通旅客有一定差别，为了使特殊旅客能愉快、安全地出行，航空公司制定了详细的乘运规定，对凡是符合承运条件的特殊旅客，都必须做好相应的准备，保证万无一失，防止因公司的原因造成拒运给旅客造成不应有的损失和影响航空公司的社会责任感形象。对因条件限制而不能承运的特殊旅客，要给予合理和恰当的解释，防止因条件不具备而承运给旅客造成不应该的损失和给公司的安全运行造成影响。

一、重要旅客（VIP）

重要旅客（Very Important Person，VIP）是指因其身份或社会地位的需要应予以特别礼遇和照料的特殊旅客，如图4.1所示。

图4.1　重要旅客服务

1. 重要旅客的类型

重要旅客包括特别重要旅客（Very Very Important Person，VVIP）、一般重要旅客（Very Important Person，VIP）和工商界重要旅客（Commercially Important Person，CIP），见表4.1。

表4.1　重要旅客的类型

VVIP 特别重要旅客	国内： 1. 中共中央总书记； 2. 中共中央政治局委员、候补委员； 3. 中央书记处书记、候补书记； 4. 国家主席、副主席； 5. 全国人大常委会委员长、副委员长； 6. 中央军委主席、副主席； 7. 全国政协主席、副主席； 8. 国务院总理、副总理、国务委员； 9. 最高人民检察院检察长；最高人民法院院长
	国外： 1. 外国国家总统、副总统、总理、副总理、首相、副首相、议长、副议长； 2. 国外知名人士、参加驻我国外交使团集体活动的人士； 3. 联合国秘书长； 4. 国际奥委会主席； 5. 王室主要成员
VIP 一般重要旅客	国内： 1. 省、部级（含副职）以上领导； 2. 军警部队在职正军职（含少将）以上领导人； 3. 大使、公使级外交使节等； 4. 由各部、委以上单位或我驻外使领馆提出要求按上述旅客服务标准接待保障的重要旅客； 5. 中国工程院、中国科学院院士； 6. 享受以上身份或职级待遇的其他旅客； 7. 公司认可的重要旅客
	国外： 1. 王室代表； 2. 各国政府部长； 3. 外国政府部长、副部长率领的专业性代表团及相应级别领导人； 4. 大使、公使级外交使节；

VIP 一般重要旅客	5. 国际（地区）各单项组织主席； 6. 国际组织（包括联合国国际民航组织）负责人、国际知名人士、著名议员、著名文学家、科学家和著名新闻界人士等； 7. 享受以上身份或职级待遇的其他旅客； 8. 公司认可的重要旅客
CIP 工商界重要旅客	工商业、经济和金融界重要、有影响的人士

2. 关于高端旅客的说明

航空公司区别普通旅客，对高端旅客实行差异化服务，诸如优先办理手续、贵宾休息室候机和行李先行到达。服务中高端旅客不仅需要时间和高效，同时也需要在特定的接触点得到专属的体验。

高端旅客不仅仅包括上述所列明的有一定社会影响力的政要和商要旅客，还涉及能为航空公司带来丰厚利润的关键旅客群体，包括头等舱、公务舱旅客以及真正意义上的常旅客。

3. 重要旅客的操作规范

（1）本着民航组织旅客运输的原则"保证重点，照顾一般，方便旅客"，对重要旅客优先予以办理。查对旅客姓名，查验重要旅客身份，复核重要旅客目的地，了解到达目的地后迎接信息反馈，以及中转航站回电电报确认信息。

（2）预先锁定重要旅客座位，尽可能安排靠近所适用客舱等级的前排客座位；在航班未满情况下，尽量做到重要旅客座位周围不安排其他旅客；航班座位很满，尽量在重要旅客座位周围安排其随行人员或其他身份较高旅客；在有重要旅客的情况下，一般不宜安排低舱位和身份较低的旅客升舱至重要旅客所在的舱位。

（3）在托运行李上拴挂行李牌、重要旅客（VIP）行李标示牌和装舱门（DOOR SIDE）标示牌，行李放置在靠近货舱门口的位置，以便到达站优先卸机和交付；通知行李装卸部门重要旅客行李到达情况并签署和交接。

（4）与重要旅客陪伴人员进行交接并了解重要旅客特殊服务要求；填写《特殊服务通知单》，涉及 VIP 旅客出生日期、禁忌食品和物品、民族习惯等，做好信息交接。

备注：《特殊服务通知单》一式四联，各单位版式不尽相同（见图 4.2 和图 4.3），但都包括特殊服务类型、航班号、日期、目的站、飞机号、旅客姓名、座位号等信息。第一联：始发站值机柜台工作人员留存；第二联：始发站特殊旅客服务人员（与客舱交接）留存；第三联：航班乘务长留存；第四联：到达站特殊旅客服务人员（与客舱交接）留存。

（5）协助重要旅客办理安检、出境、卫生检疫和海关手续，引导重要旅客去头等舱旅客休息室（或贵宾专用室）休息；根据重要旅客需求安排优先或最后登机。

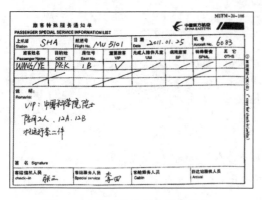

<table>
</table>

图 4.2 东航《特殊服务通知单》　　　　　图 4.3 太原机场《特殊服务通知单》

二、无成人陪伴儿童（UM）

图 4.4 无成人陪伴儿童

无成人陪伴儿童（Unaccompanied Minor，UM）是指自旅行之日年满 5 周岁但不满 12 周岁，乘坐飞机时无成人（年满 18 周岁且有民事行为能力的人）陪伴同行的儿童，如图 4.4 所示。

年龄在 5 周岁以下的无成人陪伴儿童，不予乘运。年满 12 周岁，没有成人陪伴同行的按成人办理。部分航空公司为年满 12 周岁但不满 18 周岁的旅客，提供无成人陪伴青少年旅客服务（Yong Passenger，YP），并收取一定服务费用。

1. 运输条件

（1）无成人陪伴儿童乘机，应提前向航空公司售票部门提出申请，经承运人同意后方可运输，否则不予受理。销售代理人不得办理此项业务。

（2）不同机型承运无成人陪伴儿童有最多可接受的数目，如东航 A320 机型可接受 3 名，A330 可接受 5 名。按本航班最大可承运数量接受无成人陪伴儿童旅客。

（3）儿童的父母或监护人提供接送人姓名、地址和联系电话号码，并且必须得到目的站的迎接人员的肯定回复后方可接受运输。

2. 无成人陪伴儿童的操作规范

（1）航班起飞日一个星期前旅客监护人向售票部门提出无成人陪伴儿童运输申请，填写《无成人陪伴儿童乘机申请书》，提供始发站和目的站的儿童接送人的姓名、地址和联系电话。

（2）值机人员根据核对《无成人陪伴儿童乘机申请书》的内容，为无成人陪伴儿童办理乘机手续，填写《特殊服务通知单》，并将所有旅行证件放入本公司无成人陪伴儿童旅行证件袋。

（3）无成人陪伴儿童的座位情况：应安排在前排适当座位，便于客舱乘务员照顾；不能安排在紧急出口座位；不安排女性无成人陪伴儿童在男性成人旅客座位旁。

（4）办理完乘机手续后，无成人陪伴儿童的监护人必须等待，直至航班起飞方可离开机场。

（5）出发地服务人员陪同无成人陪伴儿童办理各项安检、出境等手续，护送登机；到达地服务人员陪同无成人陪伴儿童下机，协助提携随身行李，办理到达或入境手续，提取托运行李。

三、孕妇旅客（PREG）

孕妇旅客（Pregnant Passenger，PREG 或 PRGNT），由于在高空飞行中，空气中的氧气成分相对减少、气压降低，因此孕妇运输需要有一定的限制条件，如图 4.5 所示。

图 4.5　孕妇旅客

1. 运输条件

（1）怀孕不足 32 周：除医生诊断不适宜乘机外，可按一般旅客运输。

（2）怀孕满 32 周但不满 36 周：应提供包括下列内容的《诊断证明书》。

↪ 旅客的姓名、年龄；

↪ 怀孕时期、预产期；

↪ 旅行的航程和日期；

↪ 是否适宜于乘机；

↪ 在机上是否需要提供其他特殊照料等。

《诊断证明书》（见图 4.6），应在旅客乘机前 72 小时内填开，并经医生签字和医疗单位盖章。

图 4.6　《诊断证明书》

（3）怀孕超过 36 周：除飞行时间在 5 小时以内的短途旅客，预产期在 2 周以上者外，一般不予接受运输。

（4）航空公司拒绝承运有早产症状的孕妇和分娩后 7 天内的产妇。

2. 操作规范

（1）在接收孕妇时必须先判断该孕妇是否符合承运人所规定的承运条件。

（2）检查孕妇是否具备在起飞前 72 小时内由医生开具的《诊断证明书》。

（3）如一切手续齐全，则可按照一般旅客手续办理，不需要填写《特殊服务通知单》，也无须拍发电报。

（4）发现异常情况或不符合承运条件的孕妇或产妇可以拒绝承运。

四、婴儿旅客（INFT）

婴儿（Infant，INFT）指运输开始之日年龄不满 2 周岁的儿童，如图 4.7 所示。

1. 运输条件

航空公司一般规定新生婴儿出生不足 14 天和出生不足 90 天的早产儿不能乘机。出生超过 14 天的早产婴儿若要乘机必须出示《诊断证明书》。

出生满 14 天未满 2 周岁的婴儿乘坐飞机时，应有年满 18 周岁的成人旅客陪伴同行。

图 4.7　婴儿旅客

2. 操作规范

（1）应按飞机客舱婴儿救生衣备份数为最大接受婴儿运输数。如所预定航班上的婴儿数量已超过规定的数量时，该婴儿旅客将无法获得订座。

（2）婴儿旅客按成人票价的 10% 购票，不享受免费行李额，但可免费托运全折叠或轻便婴儿手推车一辆，并可携带适量的食物、婴儿尿布等旅行途中用品。部分航空公司规定婴儿旅客可享受 10kg 的免费行李额。

（3）除特别安排外，每位成人旅客最多可携带 2 名婴儿。每位成年旅客携带未满 2 周岁的婴儿超过 1 名时，超过的人数应购买儿童票，提供座位，享受成人的免费行李额。

（4）婴儿运输建议使用婴儿摇篮，6 个月以上婴儿可以使用儿童 / 婴儿固定装置（车式安全椅）。公司根据机型提供适量客舱婴儿摇篮，旅客必须事先预定使用。

五、患病旅客（MEDA)

患病旅客（Patient，MEDA）是指患有疾病，能够提供规定的医疗单位出具的适合乘机的诊断证明乘坐飞机旅行的旅客。

航空公司按有限条件接受患病旅客，按普通旅客承担患病旅客运输责任；有权拒绝承运不符合运输规定或不宜乘坐飞机的患病旅客。

1. 患病旅客的操作规范

（1）查验患病旅客须持有的《乘机申请书》《诊断证明书》，通过复印或拍照方式做好留存。

（2）座位安排要注意以下几点：

→ 安排患病旅客与陪同人员同行，座位应安排在一起；

→ 患病旅客单独旅行时，一般应安排在乘务员方便照顾的座位；

→ 航班不满员时，安排患病旅客的座位尽量与其他旅客隔开；

→ 尽量安排腿部截瘫或上石膏绷带的旅客较宽敞的座位；

→ 尽量安排在过道及靠近厕所的座位，但避免安排多位特殊旅客在同一排同一个过道座位；

→ 不安排任何病残旅客紧急出口处的座位。

（3）适合乘机的精神病患者乘坐航班时必须有陪同人员。

（4）对持有《诊断证明书》的旅客，在其办理乘机手续中病情突然加剧或恶化、明显不适宜继续旅行时，可以拒绝承运。

（5）为旅客办理乘机手续，填写《特殊服务通知单》。

2. 关于老年旅客的说明

老年旅客（Aged Passenger，AGED）根据民航局《特殊需求旅客航空运输服务管理规定》是指年龄超过 60 周岁乘坐飞机的旅客，各公司对年龄规定略有差异，但都优先为其办理乘机手续。

（1）老年旅客年迈体弱，需要由轮椅代步，视同病残旅客给予适当照料。

（2）老年旅客身体健康，则不需要提供《诊断证明书》和《特殊旅客乘机申请书》，可按一般旅客的运输规定办理。

六、残疾旅客（INCP）

残疾旅客（Passenger With a Disability，INCP）是指在心理、生理、人体结构上，某种组织、功能丧失或者不正常，全部或者部分丧失以正常方式从事某种活动能力的人。运输残疾旅客的操作规范，如伤患病旅客。

航空公司有权拒绝承运不符合运输规定或不具备乘机条件的残疾旅客。当由于因安全等原因拒绝为具备乘机条件的残疾旅客提供运输时，应向其说明拒绝的法律依据。

1. 助残设备的操作规范

（1）对托运的助残设备应拴挂行李牌，并将其中的识别联交给残疾旅客；不得将残疾旅客辅助设备作为免责行李托运（旅客交运前 / 时已经发生损坏的除外），同时将辅助设备的拆卸部件适当包装。

（2）残疾旅客要部分服务的（如托运电动轮椅），应在普通旅客办理乘机手续截止时间前，留出充足时间在值机柜台办理相关手续；旅客未按规定时间办理手续时，在不延误航班情况下尽量提供上述服务或协助。

（3）残疾旅客托运其轮椅的，根据各承运人规定使用自己轮椅或承运人轮椅。

2. 关于病残旅客的说明

身体或精神暂时性的损伤，称为"病"；身体或精神永久性的损伤，称为"残"。在实际工作中，往往合称为病残旅客。病残旅客是指身体或精神上的残疾或在医病人，在上、下飞机、飞行途中以及在机场地面服务过程中需要他人予以个别照料或帮助而对其他旅客一般无影响的旅客。本节后续内容涉及的轮椅旅客或者担架旅客，是病残旅客提供的服务形式；而盲人旅客或聋哑旅客是病残旅客的一种病理状态。

七、轮椅旅客（WCHR/WCHS/WCHC）

轮椅旅客（Wheelchair Passenger）是指在航空旅行过程中，由于身体的缺陷或病态，不能独立行走或步行有困难，依靠轮椅代步的旅客，如图4.8所示。

图4.8 轮椅旅客

1. 轮椅旅客的类型

需要轮椅的病人或伤残旅客根据不同的情况分为三种，并用下列代号表示。

（1）WCHR——旅客能够自行上下飞机，并且在客舱内也可以自己走到自己的座位。（R:ramp，机坪）

（2）WCHS——旅客不能自行上下飞机，但在客舱内能够自己走到自己的座位。（S:stairs，客梯）

（3）WCHC——旅客完全不能自己行动，需要由别人帮助才能进入客舱内自己的座位。（C:cabin，客舱）

2. 轮椅旅客的操作规范

（1）上下台阶（仅限一格台阶）：在上、下台阶前，告知旅客拉紧扶手；上台阶时轮椅在前，服务人员在后，踩住后轮档，前轮先上，保持重心偏向服务人员一侧；下台阶时反向行走，服务人员在前，轮椅在后，后轮先下，保持重心偏向服务人员一侧。

（2）上下斜坡：上斜坡时轮椅在前，服务人员在后；下斜坡时反向行走，服务人员在前，轮椅在后。

（3）上下电梯：上电梯时反向行走，服务人员按住电梯按钮，避免电梯门关闭，服务人员先进入电梯，轮椅后进入电梯；下电梯时反向行走，服务人员按住电梯按钮，避免电梯门关闭，服务人员先出电梯，轮椅后出电梯。

（4）上下客梯车：如旅客可以自己行走，则搀扶旅客上、下客梯，并在行走过程中嘱咐旅客当心台阶；如旅客无法活动，则至少需两名服务人员，一名背旅客上、下台阶，另一名在旁辅助（如扶住轮椅、搀扶旅客等）。

（5）进客舱：如旅客使用可以进客舱的轮椅，则将旅客送进客舱，注意避免座位碰撞，并安置旅客在座位上坐好；如旅客自行走入客舱，则搀扶旅客，并安置旅客在座位上坐好；如背旅客进客舱，在客舱内行走时，应小心注意，避免碰伤旅客，并安置旅客在座位上坐好。

八、担架旅客（STCR）

担架旅客（Stretched Passenger，STCR）是指在旅行过程中，由于病（伤）情危重，不能自主上下飞机及在客舱内不能使用座椅而须使用担架的旅客。担架旅客除按照病残旅客运输的规定办理外，还应按下列规定办理。

1.一般规定

（1）需要担架的旅客，必须提前向航空公司直属售票处申请，申请时间根据各航空公司规定执行。航空公司运行管理部门根据情况，批准担架旅客（飞机拆座）运输，或拒绝拆座申请。

（2）在每一航班的每一航段上，只限载运一名担架旅客。

（3）一般仅限于接受经济舱旅客办理担架运输手续，除特别同意外，头等舱和公务舱拒绝接受任何担架旅客。

（4）担架旅客必须至少由一名医生或护理人员陪同旅行。经医生证明，病人在旅途中不需要医务护理时，也可由其家属或监护人陪同旅行。

2.操作规范

（1）在有条件的情况下，尽量安排旅客使用升降平台车上下机，如图4.9所示。当升降平台车上下移动时，须告知旅客做好准备，4名工作人员分别在前后左右4个方位，按住担架，并督促升降平台车驾驶员将升降速度放缓，注意观察周围设施，避免担架剧烈抖动。

（2）工作人员手抬担架时至少需4名，抬担架时前后各2名，如图4.10所示。上下电梯时，1名工作人员按住电梯按钮，避免电梯门关闭，2名工作人员1前1后抬担架，1名工作人员在旁辅助，观察周围设施，避免碰撞。进入客舱后，2名工作人员1前1后抬担架，2名工作人员在旁协助，注意观察避免碰撞座椅及其他设施，并将担架稳妥安放在指定位置。

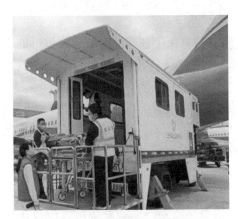

图4.9　升降平台车运输担架旅客

图4.10　工作人员人力运输担架旅客

九、盲人旅客（BLND）

盲人旅客（Blind Passenger，BLND）是指双目有缺陷、失明的旅客。分为有成人陪伴的盲人旅客和无成人陪伴的盲人旅客。

1.有成人陪伴或有导盲犬引路的盲人旅客

（1）有成人陪伴同行的盲人旅客，是指有成年人陪同乘机的旅客。该盲人旅客按一般旅客接受运输。

（2）有导盲犬引路的盲人旅客，如图 4.11 所示。

图 4.11　由导盲犬引路的盲人旅客

✈ 经承运人同意携带的导盲犬，连同容器和食物，可以免费运输而不计算在免费行李额内。

✈ 带进客舱的导盲犬，必须在上航空器前为其戴上口罩并系上牵引绳索，且不得占用座位和让其任意跑动。装在货舱内运输的，其容器必须坚固。该容器应当防止小动物破坏、逃逸和伸出容器外损害行李和货物，并能防止粪便渗溢，以免污染航空器设备和其他物品。

✈ 旅客携带导盲犬必须经承运人和有关连续承运人同意；在中途不降停的长距离飞行航班上或者在某种型号的航空器上，不适宜运输导盲犬的，承运人可以不接受运输。

✈ 导盲犬必须具备中华人民共和国和运输过程中有关国家动物出境、入境和过境所需的有效证件。

2. 无成人陪伴的盲人旅客

（1）盲人旅客单独旅行，经承运人同意后，方可购票乘机。

（2）单独旅行的盲人旅客，在上下机地点应有人照料迎送。

十、聋哑旅客（DEAF）

聋哑旅客（Deaf Passenger，DEAF）指因双耳听力缺陷而不能说话的旅客，不包括有耳病或听力弱的旅客。

有成人陪伴的聋哑旅客，按一般旅客接受运输。持有医生证明的聋哑旅客携带助听犬乘机的操作同需导盲犬引路的盲人旅客。无成人陪伴的聋哑旅客，经承运人同意后，方可购票乘机。

服务人员与聋哑旅客说话之前，应先引起聋哑旅客的注意。话语应简单明了，保持面对面。尽量慢一点，不能大声喊叫以使口型变形影响聋哑旅客的辨别。可以用写字板或手语等方式告诉旅客相关信息。

十一、罪犯（犯罪嫌疑人）旅客（PRSN）

罪犯（犯罪嫌疑人）旅客（Culprit，PRSN）指受国家现行法律管束的人，包括犯罪嫌疑人，如图 4.12 所示。

图 4.12　罪犯（犯罪嫌疑人）旅客

1. 承运人的权利义务

承运人按有限条件承运罪犯（犯罪嫌疑人）旅客，按普通旅客对罪犯（犯罪嫌疑人）旅客提供运输服务，并有权根据情况暂时拒绝承运罪犯（犯罪嫌疑人）旅客。

2. 运输规定

（1）在有特别重要旅客（VVIP）或重要旅客（VIP）乘坐的航班上，不得承运押送罪犯（犯罪嫌疑人）旅客。

（2）公安部门应在订座时提出犯人运输申请，经承运人同意后，方可运输。须向承运人公司相关部门出具由机场公安机关出具的审批表，执行押解任务的司法机关所在单位的介绍信、押解人员的工作证件和相关法律文书。

（3）运输罪犯（犯罪嫌疑人）旅客的全航程，押解警力要 3 倍于罪犯（犯罪嫌疑人）旅客。

（4）罪犯（犯罪嫌疑人）旅客先于其他旅客登机，最后下机。

（5）一般情况下，承运人航班的被押解人不得超过 3 人（含 3 人）。

3. 座位安排

（1）罪犯（犯罪嫌疑人）旅客安排在经济舱最后排中间座位，尽可能远离其他旅客。

（2）不得安排罪犯（犯罪嫌疑人）旅客在靠窗或走道座位或紧急出口处。

（3）押解罪犯（犯罪嫌疑人）旅客的人员座位在被押解人员座位两旁。

十二、遣返旅客（DEPA/DEPU）

遣返旅客（Deportee）指经一国当局同意已合法入境或已非法入境，其后又被该国当局强制离开该国的旅客，包括但不仅限于下列人员：

- ✈ 偷渡者；
- ✈ 非法滞留人员；
- ✈ 由于涉嫌在国内犯罪，为逃避法律制裁而迁居其他国家的人员；
- ✈ 在所在国或中国居住、旅行、公务期间，因为触犯所在地法律，被执法当局强行遣返回国或原居住地的人员；
- ✈ 由于不可抗力，无法在经停地点继续旅行的人员；
- ✈ 被或将被某国当局拒绝批准进入该国的人员。

1. 遣返旅客的类型

（1）有人押送（Deportee Accompanied，DEPA）。

（2）无人押送（Deportee Unaccompanied，DEPU）。

2. 遣返旅客的操作规范

（1）填写《特殊服务通知单》，注明 "DEPA"（有人押送）/ "DEPU"（无人押送）、旅客座位号及行李等信息。

（2）将旅客相关证件交予边检人员，并陪同边检人员将旅客送上飞机。

（3）旅客无能力支付遣返航班费用，由遣返站出具遣返证明填开客票。

十三、醉酒旅客

醉酒旅客（Drunken）：指用于服用酒精、麻醉品或其他毒品，将会给其他旅客带来不愉快或反感的旅客，如图 4.13 所示。

1. 判断方式

方法一：直线行走。地面画一条 6m 左右的直线，让旅客在直线上行走 6 步，然后向后转行走 6 步，

图 4.13　醉酒旅客

共 2 组，如果旅客脚离直线 2 次以上，则可判断醉酒旅客自控能力较差，暂时不宜乘机旅行。

方法二：原地转身。根据工作人员指令旅客在原地向左、向右或向后转身，每组 4 个转身，做 3~4 组，如果旅客转向错误 3 次以上，则可判断醉酒旅客自控能力较差，暂时不宜乘机旅行。

2. 相关规定

（1）承运人航空公司有权拒绝载运任何处于醉酒状态的旅客。

（2）醉酒旅客被拒绝乘机后，其客票作自愿变更或自愿退票处理。

（3）在有特别重要旅客（VVIP）或重要旅客（VIP）乘坐的航班上，不宜同时载运醉酒旅客。

十四、特殊餐食旅客（SPML）

1. 常见特殊餐食类型

常见特殊餐食类型见表 4.2。

表 4.2　常见特殊餐食类型

CHILDREN SPML		儿童餐类
BBML	Baby Meal	婴儿餐
CHML	Child Meal	儿童餐
ETHNIC SPML		宗教餐类
KSML	Kosher Meal	犹太餐
MOML	Moslem Meal	穆斯林餐
HNML	Hindu Meal	印度餐
VEGETARIAN SPML		素食餐类
RVML	Vegetarian Raw Meal	生蔬菜餐
VLML	Vegetarian Lacto-Ovo Meal	西式蛋奶素餐
VGML	Vegetarian Vegan Meal	西式素餐
VOML	Vegetarian Oriental Meal	东方素餐
AVML	Vegetarian Hindu Meal	亚洲印度素餐
VJML	Vegetarian Jaïn Meal	耆那教无根部素餐
OTHER SPML		其他餐类
DBML	Diabetic Meal	糖尿病餐
FPML	Fruit Platter Meal	水果餐
SFML	Seafood Meal	海鲜餐
LSML	Low Salt Meal	低盐餐
HFML	High Fiber Meal	高纤维餐

2.特殊餐食的操作规范

（1）旅客申请特殊餐食必须在购票或订座时提前预订。图4.14是儿童餐。

（2）旅客在机场临时申请特殊餐食必须符合航班始发地或经停点的配餐最短时间规定，旅客也不能临时更改特殊餐食品种。

（3）在航班开始办理前通过计算机系统或商务调度了解特殊餐食接受预订情况。

（4）在接收每位旅客时，应查看计算机中有无特殊餐食信息，并当面与旅客进行情况核实，填写《特殊服务通知单》。

图4.14 儿童餐

❀❀ 本 节 练 习 ❀❀

一、填表题

1. 写出下列常见特殊旅客对应的代码。

重要旅客		无成人陪伴儿童	
孕妇旅客		婴儿	
患病旅客		残疾旅客	
轮椅旅客		担架旅客	
盲人旅客		聋哑旅客	
罪犯旅客		遣返旅客	

2. 写出下列常见特殊餐食的代码。

婴儿餐		儿童餐	
犹太餐		穆斯林餐	
印度餐		生蔬菜餐	
西式蛋奶餐		西方素餐	
东方素食		亚洲印度素餐	
耆那教无根部素餐		糖尿病餐	
水果餐		海鲜餐	
低盐餐		高纤维餐	

二、单项选择题

1. (　　) 不属于重要旅客。

    A. 美国驻广州领事馆参赞　　　　　　B. 河北省副省长

    C. 北京市市长　　　　　　　　　　　D. 南京军区副司令员

2. VIP 旅客的行李，除了拴挂行李牌和 VIP 优先牌外，还需拴挂 (　　)。

    A. 超重牌　　　　　　　　　　　　　B. 舱门口牌

    C. 速运行李牌　　　　　　　　　　　D. 免责行李牌

3. 对无成人陪伴儿童的陈述，正确的是 (　　)。

    A. 旅行之日年满 5 周岁但不满 12 周岁

    B. 购票之日年满 5 周岁但不满 12 周岁

    C. 旅行之日年满 5 周岁但不满 18 周岁

    D. 购票之日年满 5 周岁但不满 18 周岁

4. 下列孕妇中需要医院证明方可运输的是 (　　)。

    A. 32 周以下孕妇　　　　　　　　　　B. 32 ~ 36 周孕妇

    C. 6 ~ 7 个月孕妇　　　　　　　　　　D. 8 个月以上孕妇

5. 婴儿出生不满 (　　) 天，拒绝运输。

    A. 12　　　　　　　　　　　　　　　B. 13

    C. 14　　　　　　　　　　　　　　　D. 15

6. 承运人有权拒绝运输的旅客是 (　　)。

    A. 健康状况影响其他旅客安全　　　　B. 晕机旅客

    C. 喝过含酒精饮料的旅客　　　　　　D. 怀孕 3 个月的健康孕妇

7. 以下不应作为病残旅客运输的是 (　　)。

    A. 腿部受伤，行走有障碍的旅客

    B. 年龄超过 60 周岁的老年旅客

    C. 做完手术但有适宜乘机证明的旅客

    D. 怀孕 35 周的旅客

8. 旅客能自行上下飞机，并且在机舱内能够自己走到座位上去，其轮椅申请代号为 (　　)。

    A. WCHS　　　　　　　　　　　　　B. WCHR

    C. WCHC　　　　　　　　　　　　　D. WCHF

9. 除特别批准外，原则上每一航班限载运 (　　) 名担架旅客。

    A. 1　　　　　　　　　　　　　　　　B. 2

    C. 3　　　　　　　　　　　　　　　　D. 4

10. (　　) 乘机，无须适宜乘机证明。

    A. 无成人陪伴儿童　　　　　　　　　B. 轮椅旅客

    C. 担架旅客　　　　　　　　　　　　D. 孕妇旅客

三、简答题

1. 请写出重要旅客座位安排的操作规范。

2. 请写出孕妇旅客《诊断证明书》应包括的内容。

3. 请写出服务轮椅旅客上下台阶的操作规范。

4. 请写出判断醉酒旅客的具体方式。

5. 请写出不能安排在紧急出口位的特殊旅客类型。

6. 请写出服务过程中需要填写《特殊服务通知单》的特殊旅客类型。

第二节　特殊旅客电报

引例　服务旅客暖"兴"间

　　践行民航真情服务，大兴机场从2019年起推出"兴心相印"服务产品，面向老弱病残孕等特殊旅客群体提供多样化免费服务项目，其中包括爱心陪伴、轮椅服务、婴儿车借用、冬衣寄存、电瓶车服务等。为有效满足客群个性化需求，"兴心相印"服务产品不断优化完善和迭代升级，如2020年4月全面推广爱心手环，便于员工快速识别，在值机、安检、登机等关键环节主动帮扶；2021年5月打造"长者优先"的全链条爱心休息区，全面落实长者关爱计划；2021年11月实现轮椅旅客在机场快轨区、巴士区、京雄高铁区域至航站楼的"全链条"贯通。

　　"兴心相印"旅客服务产品收获了诸多旅客和社会各界的肯定与认可：2019年共获得旅客表扬124次；2020年共获得旅客表扬126次；2021年共获得旅客表扬371次；2022年截至6月，共获得旅客表扬473次。

　　特殊旅客服务报（Passenger Service Message，PSM），是常见的客运业务电报。PSM电报除了收发报地址和电报类型外，还包括以下四部分内容：一是航班基本信息，如航班号、日期、航程（飞机号VIP报）；二是旅客基本信息，如旅客姓名、性别、年龄（职位或身份VIP报）、座位号、行李信息、转机信息、陪同信息等，需要特殊服务原因、注意的事项等；三是需要对方协助事宜或需要对方所做准备；四是对对方的工作表示感谢。

一、VIP电报

　　始发站在航班起飞后拍发电报，将航班上重要旅客人数、行李的位置，以及需要的特殊协助信息，通知经停地、中转地、目的地的地面服务部门。电报实例中，左侧是电报原文，电报原文实际工作没有空行，现设置空行，方便与右侧中文译文一一对应。

QU HKGKPCA HKGAPCA HKGKPCX HKGLLCX MELKPCX MELLLCX SHAKIMU	收报人：国航香港机场中转、国航香港机场办事处、国泰香港机场中转、国泰香港国际行李查询、国泰墨尔本机场中转、国泰墨尔本国际行李查询，抄送东航上海虹桥国际客运
.SHAKIMU 181000/HUANG	发报人：东航上海虹桥国际客运，18日10时，HUANG姓工作人员
/// VIP ADV ///	/// 重要旅客 ///

续表

ATTN DUTY OFFICIAL	值班的主管人员请注意
MU501/18JUL B2171 SHAHKG	7 月 18 日 MU501 航班，从上海飞往香港
VIP XIA/ZHONGRUI MR IS	重要旅客 XIA/ZHONGRUI 先生是上海市政府
DIRECTOR OF SHA MUNICIPAL	办公厅主任，座位号 1A。
GVMNT OFC SN 1A X	
ABV VIP GRP WL TRSF TO MEL VIA	该重要旅客团队，将搭乘当天的 CX105 航班
CX105/DTE WZ 12PCS OF CHKD	转机前往墨尔本，托运行李 12 件，行李牌号
BAG UNDER T/N MU016901-12 LDD	码 MU016901-12，装载在箱号为 AVE1647MU
IN AVE1647 MU X	的集装箱。
ALL DEPT CONCERNED PLZ MAAS	所有相关部门请在重要旅客到达时迎候。
ON ARR	
THKS FR YR KIND COOP	感谢您的热情协助。
B/RGDS	祝好！
=	

二、UM 电报

　　始发站在航班起飞后拍发电报，将航班上无成人陪伴儿童旅客人数、行李件数，以及需要的特殊协助信息，通知经停地、中转地、目的地的地面服务部门。

QU HKGKPCA HKGAPCX TPEKPCX TPELLCX SHAKIMU	收报人：国航香港机场中转、国泰香港机场办事处、国泰台北机场中转、国泰台北国际行李查询，抄送东航上海虹桥国际客运
.SHAKIMU 181000/HUANG	发报人：东航上海虹桥国际客运，18 日 10 时，HUANG 姓工作人员
///UM ADV///	/// 无成人陪伴儿童 ///
MU501/18JUL SHAHKG	7 月 18 日 MU501 航班，从上海飞往香港
1TSUI/HONG MSTR UM 09YRS OLD	一位 9 岁男孩 TSUI/HONG 是无成人陪伴
SOC 15B WZ 01 PC OF CHKD BAG TO	儿童，座位号 15B，一件托运行李到台北，
TPE UNDER T/N MU216666 WZ CONX	行李牌号码 MU216666，从香港到台北的
FLT CX406/DTE HKGTPE X	转机航班是当天的 CX406。
FYI CTC DTLS AS FLW	供您参考，详细联系信息如下：
ADDR 12 FU HSIN NORTH ROAD TPE	父亲 CHEN/RUI 的地址是台北市复兴北路
CTC TEL 862-5144600 TPE/FATHER	12 号，联系电话 862-51144600。
CHEN/RUI	

HKGCA PLZ KINDLY MAAS N GUIDE ABV UM TO CX TRSF CHK-IN CNTR ON ARR THKS FOR YR ASST RGDS =	国航香港机场办事处请在到达时等候并带上述无成人陪伴儿童前往国泰的转机值机柜台。 感谢您的协助。 祝好！

三、WCHR 电报

始发站在航班起飞后拍发电报，将航班上轮椅旅客人数 / 状况、助残设备的位置，以及需要的特殊协助信息，通知经停地、中转地、目的地的地面服务部门。

QU HKGKPCA HKGAPCA TPEKPCX TPELLCX SHAKIMU	收报人：国航香港机场中转、国航香港机场办事处、国泰台北机场中转、国泰台北国际行李查询，抄送东航上海虹桥国际客运
.SHAKIMU 181000/HUANG	发报人：东航上海虹桥国际客运，18 日 10 时，HUANG 姓工作人员
/ / / WCHR ADV / / /	/// 轮椅旅客 ///
ATTN ON DUTY	值班人员请注意
PAX 1CHUI/WANGLI MR 31 YRS OLD CHINESE O/B MU501/18JUL SHAHKG SOC 14C X	一位 31 岁中国旅客 CHUI/WANGLI 先生，乘坐 7 月 18 日 MU501 航班，从上海前往香港，座位号 14C。
SA PAX WL TRSF TO TPE VIA CX406/18JUL HKGTPE WZ 01 PC OF THRU CHKD BAG TO TPE UNDER T/N MU518888 X	该旅客将乘坐 7 月 18 日的 CX406 航班转机前往台北，1 件托运行李到台北，行李牌号码是 MU518888。
ABV PAX NN 1WCHR ON ARR DUE TO HIS RIGHT BROKEN LEG X	上述旅客因右腿骨折，在航班到达时需要一个轮椅。
PLZ KINDLY DAPO MAAS ON ARR AT Y/E X	当到达您处时，请尽可能地帮助该旅客。
THKS FR YR COOP BRGDS =	感谢您的协助。 祝好！

四、STCR 电报

始发站在航班起飞后拍发电报，将航班上担架旅客情况、行李或设备的位置，以及需要的特殊协助信息，通知经停地、中转地、目的地的地面服务部门。

QU SELKKOZ SELAPMU SHAKIMU	收报人：韩亚航空首尔办事处负责人、东航首尔办事处，抄送东航上海虹桥国际客运
.SHAKIMU 181000/HUANG	发报人：东航上海虹桥国际客运，18 日 10 时，HUANG 姓工作人员
/// STCR PAX ADV ///	/// 担架旅客 ///
ATTN DUTY OFFICIAL	值班的主管人员请注意
STCR PAX 1CHO/XYONGSIK MR 22YRS OLD KOREAN O/B MU5041/DTE SHASEL X	一位 22 岁的韩国旅客 CHO/XYONGSIK 先生，乘坐当天的 MU5041 航班从上海前往首尔。
SA PAX ACPYD BY DOCTOR N HIS FAMILY WZ DOCTOR CERT N PAX NOW IN UNCONSCIOUS STATUS DUE BAD TFC ACDT HAPPENED IN SHA X	该旅客由医生和他的家人陪同，同时携带医生的诊断证明。目前这位旅客处于昏迷状态，因在上海遭遇严重的交通事故。
SELOZ PLZ ENSR ALL NEC ARRANGEMENTS INCLDG LIFT TRUCK N AIR CONDITIONED MEDICAL VAN ON ARR X	韩亚航空首尔办事处请确保旅客到达时所需的升降机和可温控的医疗车等所有必要的安排。
THKS FR KINDLY COOP N GREAT ASST BRGDS	感谢您的热情协助和积极支持。
=	祝好！

❧❧ 本节练习 ❧❧

一、单项选择题

1. 电报地址 SHAKIMU 表示（　　）。
   A. 东航上海虹桥国内客运　　　　　　B. 东航上海虹桥国际客运
   C. 东航上海虹桥国内行查　　　　　　D. 东航上海虹桥国际行查

2. 电报简语 ATTN 表示（　　）。
   A. 告知　　　　　　　　　　　　　　B. 到达
   C. 注意　　　　　　　　　　　　　　D. 迎接

3. 电报简语 O/B 表示（　　）。
   A. on board 上飞机　　　　　　　　　B. our ends 我处
   C. original tag 原始标签　　　　　　　D. your ends 你处

4. 表示"迎接并协助"的电报简语是（　　）。
   A. DAPO　　　　　　　　　　　　　B. COOP
   C. ASST　　　　　　　　　　　　　　D. MAAS

5. 电报简语 CHKD BAG 表示（　　　）。

    A. 易碎行李　　　　　　　　B. 托运行李

    C. 非托运行李　　　　　　　D. 速运行李

6. 电报简语 ON ARR 表示（　　　）。

    A. 出发时　　　　　　　　　B. 登记时

    C. 中转时　　　　　　　　　D. 到达时

二、请把以下电报翻译为中文

QU SZXTZMU CPYXXXX SHAKOMU . SHAKOMU 180100/HUANG ///WCHR ADV/// ATTN ON DUTY MU5331/01JUL SHASZX PAX 1ZHAO/AIGUO MR 25 YRS OLD CHINESE SHASZX SOC 32C X WZ 01 PC OF CHKD BAG UNDER T/N MU726518 X ABV PAX NN 1WCHR ON ARR DUE TO HER LEFT BROKEN LEG X PLZ KINDLY DAPO MAAS ON ARR AT Y/E X THKS FR YR COOP BRGDS =	

QU PEKTZMU CPYXXXX SHAKOMU

.SHAKOMU 180100/HUANG

///UM ADV///

MU5123/01JUL SHAPEK

1ZENG/GANG MSTR UM 10YRS OLD
SOC 5B WZ 01 PC OF CHKD BAG UNDER
T/N MU216743 X

FYI CTC DTLS AS FLW

ADDR 12TH FUXING ROAD BEIJING

CTC 139123456789/FATHER ZENG/SAN

PLZ KINDLY MAAS N GUIDE ABV UM
TO HIS FATHER ON ARR X

TKS FR YR ASST
RGDS
=

第五章　行李运输

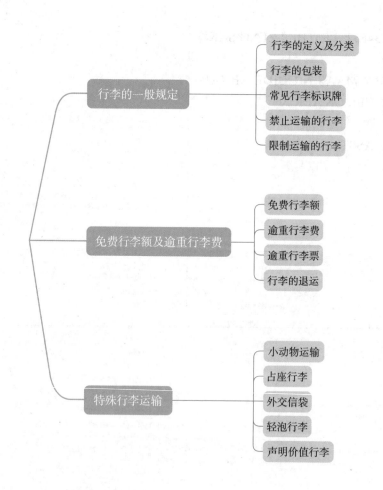

- 行李的一般规定
  - 行李的定义及分类
  - 行李的包装
  - 常见行李标识牌
  - 禁止运输的行李
  - 限制运输的行李
- 免费行李额及逾重行李费
  - 免费行李额
  - 逾重行李费
  - 逾重行李票
  - 行李的退运
- 特殊行李运输
  - 小动物运输
  - 占座行李
  - 外交信袋
  - 轻泡行李
  - 声明价值行李

本章学习目标

　　知识目标：识记行李的分类和包装要求；识记计重制免费行李额；识记各类行李牌和运输标识牌；识记托运特殊行李的一般规定。

　　能力目标：准确判断禁运、限运行李；掌握逾重行李费的计算和逾重行李票的填开；掌握特殊行李的处理。

　　素养目标：通过熟悉行李运输流程，加强规范意识，培养爱岗敬业、严谨细致的职业态度。

第一节　行李的一般规定

引例　行李的"旅程"

　　行李的运输是旅客运输工作的组成部分，它是随着旅客运输的产生而产生的。为了完成高质量的行李运输，需要值机、行李分拣、运输装卸、行李交付及行李查询各部门的共同努力。下面通过流程图 5.1，来看一看行李办理托运后，经历了怎样的旅程吧。

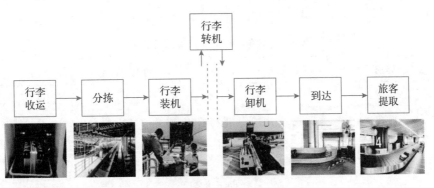

图 5.1　行李运输的基本流程

一、行李的定义及分类

　　行李是指承运人同意运输的、旅客在旅行中为了穿着、使用、舒适或便利而携带的必要或适量的物品和其他个人财物。包括托运行李和非托运行李。

　　1. 托运行李

　　托运行李是指旅客交由承运人负责照管和运输并出具行李运输凭证的行李。每件托运行李体积不小于 5cm×15cm×20cm，不超过 40cm×60cm×100cm。每件托运行李国内航线不得超过 50kg，国际航线一般不应超过 32kg。

（1）托运超过上述规定的行李属大件行李/重物，必须根据飞机装载条件、航班装载量，由公司地面服务保障部门现场确认是否可以运输。

（2）地面服务保障人员在收运旅客托运行李时，必须录入收运行李的件数和重量，同时发给旅客行李牌旅客联作为认领行李的凭证。

2. 非托运行李

非托运行李是指经承运人同意由旅客自行负责照管的行李。非托运行李每件重量不超过 10kg，体积不得超过 20cm×40cm×55cm。持头等舱客票的旅客，每人可随身携带 2 件非托运行李；持公务舱或经济舱客票的旅客，每人只能随身携带 1 件非托运行李。

（1）允许旅客携带登机的非托运行李有（包括但不仅限于）：外衣、毛毯、雨伞、手杖、小型照相机、手提电脑、小型望远镜、小拎包、袖珍书本或钱包、供旅途阅读的适量读物、易碎品、贵重金属、首饰、外交信袋、重要文件资料、证券、货币、邮票、古玩、艺术品等。

（2）除允许携带的非托运行李外，公司允许携带婴儿旅客乘机的旅客随身携带下列物品：

✈ 旅途中婴儿需用的食物、尿布等婴儿用品；

✈ 一辆全折叠轻便婴儿车（伞柄车）；

✈ 一个婴儿摇篮或儿童/婴儿固定装置（需占座）。

（3）除允许携带的非托运行李外，允许残疾旅客随身携带仅供自身使用的物品见表 5.1。

表 5.1 允许残疾旅客随身携带的物品

类别	助 残 装 置	
肢残	助行器	拐杖
		折叠轮椅
		假肢
聋人	助听设备	电子耳蜗
		助听器
盲人	盲杖	多功能
		简易
	助视器	
	盲人眼镜	

注：折叠轮椅必须可装入客舱储物间内，在客舱内没有存放设施或空间的情况下应将轮椅托运。

二、行李的包装

1. 托运行李的包装要求

托运行李必须包装完善、锁扣完好、捆扎牢固，能承受一定的压力，能够在正常的操作条件下安全装卸和运输，并应符合下列条件。不符合托运行李包装要求的（见图5.2），承运人可以拒绝收运。

（1）旅行箱、旅行袋和手提包等必须加锁。

（2）两件以上的包件，不能捆为一件。

（3）行李上不能附插其他物品。

（4）竹篮、网兜、草绳、草袋等不能作为行李的外包装物。

（5）行李包装内不能用锯末、谷壳、草屑等做衬垫物。

（6）行李上应写明旅客的姓名、详细地址、电话号码。

图 5.2　不符合托运行李包装要求的行李

2. 非托运行李的包装要求

由旅客带进客舱的随身携带物品，虽然由旅客自行照管，但承运人对其包装仍有具体的要求，规定随身携带物品应符合下列条件。

（1）草绳、网兜、草袋等不能作为随身携带物品的外包装物。

（2）外包装整洁，不容易渗溢，没有污染。

（3）运动器材、乐器等要求有外包装。

（4）外交信袋、银行特别用箱等必须加有封条。

三、常见行李标识牌

1. 行李牌

行李牌是承运人运输行李的凭证，也是旅客领取行李的凭证之一。值机柜台使用的机打行李牌为粘贴式行李牌（见图5.3）；登机口使用的手工行李牌是拴挂式行李牌（见图5.4）。

如发现易碎、易腐、迟交运、超大、超重、包装不符合要求、行李破损或活体动物时，应拒绝收运。如旅客坚持托运，应填写"免除责任"，见图5.5。

"免除责任"填写注意：根据具体情况，在相应条件的框内打"×"；如果行李有破损，应标出破损部位；要求旅客签字认可。

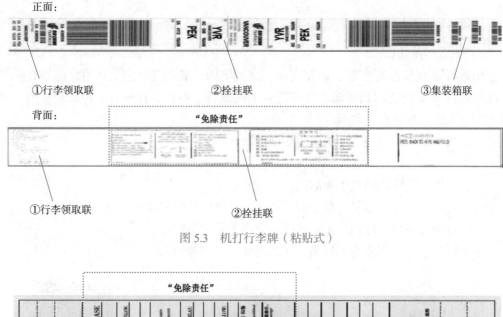

图 5.3　机打行李牌（粘贴式）

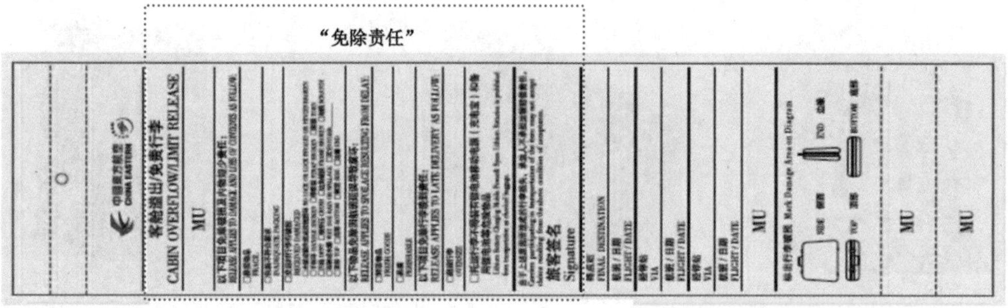

图 5.4　手工行李牌（拴挂式）

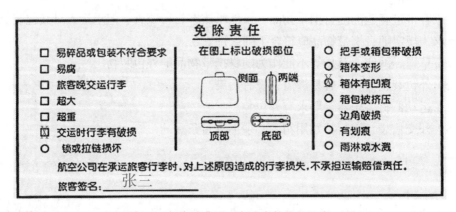

图 5.5　行李牌背面"免除责任"的签署

"免除责任"责任范围：如果在免除责任行李牌上打"×"的部分发生损失，承运人不承担责任；除此之外的其他项目发生损失或行李延误运输、丢失，承运人仍应承担相应的责任。

2. 易碎标签

对旅客托运的易碎物品，除拴挂行李牌外，还应粘贴易碎物品标签（见图 5.6 和图 5.7），以便于装卸人员识别。在装卸时轻拿、轻放，确保行李运输质量。

图 5.6 （东航）易碎物品标签　　　　　　　　图 5.7 （国航）易碎物品标签

3. 重物 / 大件行李标识牌（"重"牌）

重物 / 大件行李标识牌（见图 5.8 和图 5.9）用于标明行李重量太重或体积过大，提醒改变提携和传送方式，以防人员受伤或行李受损，使用时必须注明行李实际重量。托运行李超过 23kg，一般视作重型行李。

图 5.8　重物行李标识牌　　　　　图 5.9 （国航）重物 / 大件行李标识牌

4. "优先等级"行李标志牌（PRIORITY TAG）

为提高运输服务质量，对于乘坐头等舱、公务舱及高端会员旅客和在经停站立即转换飞机的中转旅客的托运行李，除拴挂行李牌外，还应拴挂"优先等级"行李标志牌（各航空公司根据行李挂牌规定拴挂），以便这些旅客的托运行李在目的地或中转站迅速卸下飞机。挂有"优先等级"行李标志牌（见图 5.10）的行李应后装先卸，装在货舱门口处。

图 5.10 （东航）优先行李牌

5. 重要旅客行李牌（VIP）

重要旅客的托运行李，除拴挂行李牌外，还应拴挂"重要旅客"行李标志牌（见图 5.11），以保证重要旅客的托运行李安全、迅速地运达目的地，立刻交付给旅客。对拴挂"重要旅客"行李标志牌的行李，要求严加保管、后装先卸，与装卸部门签字交接。

6. 舱门口领取牌

旅客的婴儿手推车、旅客自用便捷式轮椅可在客舱门口办理交运手续（见图5.12）。具体操作根据航空公司相关规定执行。

图5.11　重要旅客行李牌

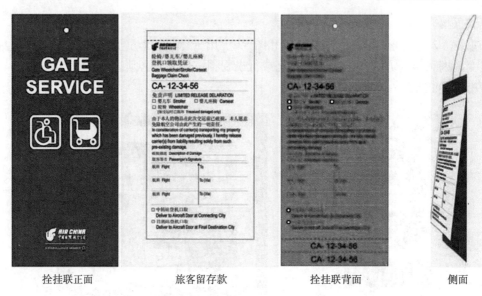

| 拴挂联正面 | 旅客留存款 | 拴挂联背面 | 侧面 |

图5.12　（国航）登机口领取牌

7. 其他行李牌

机组行李需拴挂机组行李牌（图5.13）；急转联运行李需拴挂急转联运行李牌（图5.14）。

图5.13　机组行李牌样张　　　　图5.14　急转联运牌样张

四、禁止运输的行李

禁止运输的行李是指符合国际民航组织（ICAO）《危险物品安全航空运输技术细则》、国际航协（IATA）《危险品规则》、交通运输部《中国民用航空危险品运输管理规定》和我国其他法律、法规中禁止运输的可能危及航空器、机上人员或财产安全的物品。包括但不限于以下几种（见图 5.15）。

图 5.15　禁止运输的行李

（1）危险品（允许旅客随身携带或作为托运行李运输的危险品外），如易爆物品；易燃气体、液体、固体；易腐蚀物质，有毒气体、液体、固体；氧化剂和过氧化物；磁性物质；放射性物质；传染性物质；杂项危险品。

（2）枪支等武器（包括主要零部件），能够发射弹药（包括弹丸及其他物品）并造成人身严重伤害的装置或者可能被误认为是此类装置的物品，主要包括军用枪、公务用枪、民用枪、道具枪、发令枪、钢珠枪、境外枪支、各类非法制造的枪支以及上述物品的仿真品等。

（3）管制器具，能够造成人身伤害或者对航空安全和运输秩序构成较大危害的管制器具，主要包括管制刀具、军警械具以及其他属于国家规定的管制器具。

（4）火种（包括各类点火装置），如打火机、火柴、点烟器、镁棒（打火石）。

（5）其他杂项物品，如活体动物（小动物、服务犬除外）、带有明显异味的物品（如未做妥善包装的榴莲）、国家有关法律规定的禁止出入境或过境的物品等。

五、限制运输的行李

1. 不得随身携带而应托运的物品

不得随身携带，而应作为行李托运的物品，包括但不限于以下几种（见图 5.16）。

图 5.16　不得随身携带而应托运的行李

（1）管制刀具以外的利器、钝器，如菜刀、大剪刀、大型水果刀、工艺品刀、少数民族的佩刀、佩剑（不含凶器）以及一些容易被误认为凶器的物品等。

（2）体育运动用枪支/弹药或执行公务用枪支/弹药。

（3）符合规定的小动物（服务犬除外）。

（4）运动器材，如自行车、高尔夫球用具、滑雪或滑水用具、冲浪板或风帆冲浪船、皮划艇等。

（5）大闸蟹。

（6）酒精饮料。酒精的体积百分含量小于或等于24%时，托运数量不受限制；酒精的体积百分含量大于24%、小于或等于70%时，每位旅客托运数量不超过5L；含量大于70%的酒精饮料禁止托运。

2. 随身携带限定条件但可以托运的物品

随身携带有限定条件，但可以作为行李托运的物品，包括但不限于以下几种（见图5.17）。

| 罐头/ | 腌制食品 | 酸奶 | 明胶类 | 喷雾瓶/ | 发胶/ | 洗发水/护发素/ | 牙膏 |
| 广口瓶 | | | 零食 | 气雾罐 | 发蜡 | 液体肥皂 | |

图 5.17　随身携带有限定条件但可以托运的行李

（1）旅客乘坐国际、地区航班时，液态物品应盛放在单体容器容积不超过100mL的容器内随身携带，盛放液态物品的容器应置于最大容积不超过1L、可重新封口的透明塑料袋中，每名旅客每次仅允许携带一个透明塑料袋，超出部分应作为行李托运。

（2）旅客乘坐国内航班时，液态物品禁止随身携带（航空旅行途中自用的化妆品、牙膏及剃须膏除外）。航空旅行途中自用的化妆品须同时满足三个条件（每种限带一件、盛放在单体容器容积不超过100mL的容器内、接受开瓶检查）方可随身携带，牙膏及剃须膏每种限带一件且不得超过100g或100mL。

（3）婴儿航空旅行途中必需的液态乳制品、糖尿病或者其他疾病患者航空旅行途中必需的液态药品，经安全检查确认后方可随身携带。

3. 不得作为行李托运而应随身携带的物品

不得作为行李托运，而应随身携带的物品，包括但不限于以下几种（见图5.18）。

图 5.18　不得作为行李托运而应随身携带的行李

（1）旅途所需的助听器、心脏起搏器等供人体功能使用的电子设备，可以在空中使用。

（2）需要专人照管的物品，如货币、有价票证、珠宝、贵重金属及其制品、古玩字画、电脑、个人电子设备、样品等贵重物品，重要文件和资料、外交信袋、旅行证件、易腐物品、易碎易损坏物品、个人需定时服用的处方药等。

（3）小型医用 / 临床用水银温度计。每位旅客可携带 1 支供个人使用的含水银的小型医用 / 临床用水银温度计，必须置于防护盒内。

（4）备用锂电池只能携带登机，并应单个做好保护以防止短路。充电宝应视为备用锂电池，严禁放入托运行李内托运，并在飞行过程中处于关闭状态。

✈ 锂含量不超过 2g 的锂金属电池，或额定能量不超过 100Wh 的锂离子电池，无须航空公司批准，每人限带 20 块；

✈ 锂含量超过 2g 但不超过 8g 的锂金属电池，或额定能量大于 100Wh 不超过 160Wh 的锂离子电池，需航空公司批准，每人限带 2 块；

✈ 锂含量超过 8g 的锂金属电池，或额定能量超过 160Wh 的锂离子电池，严禁携带。

4. 可以托运或随身携带但有限定条件的物品

可以托运或随身携带，但有限定条件的物品，包括但不限于以下几种（见图 5.19）。

图 5.19 可以托运或随身携带，但有限定条件的行李

（1）残疾旅客乘机旅行时携带的服务犬，包括辅助犬、导听犬、导盲犬，经承运人同意后可以运输。

（2）固体二氧化碳（干冰），不得超过 2.5kg（5lb）。

（3）非放射性药用物品、化妆用品和气溶胶，气溶胶指供个人使用并且通过市场购买的喷发胶、香水、古龙水等美容用品。每位旅客最多携带 / 托运 2kg（4.4lb）或 2L（2qt），其中每件物品不得超过 0.5kg（1.1lb）或 0.5L（1qt）。对于液态物品，还应符合相关国家安检的规定。

（4）小型非易燃气体钢瓶。每位旅客仅可携带 2 个小型钢瓶和 2 个备用钢瓶。

（5）含有锂电池的便携式电子设备（Portable electronic devices，PED）可以随身携带或托运。在交运行李中的设备必须完全关闭并且加以保护防止损坏（不能为睡眠或休眠模式）。

✈ 便携式电子设备的锂含量不超过 2g 的锂金属电池，或额定能量不超过 100Wh 的锂离子电池，无须航空公司批准，每人限带 15 件；

✈ 便携式电子设备的锂含量超过 2g 但不超过 8g 的锂金属电池，或额定能量大于 100Wh 不超过 160Wh 的锂离子电池，需航空公司批准；

✈ 便携式电子设备的锂含量超过 8g 的锂金属电池，或额定能量超过 160Wh 的锂离子电池，严禁携带。

❀❀ 本节练习 ❀❀

一、不定项选择题

1. 对于旅客托运行李的包装叙述不正确的是（　　　）。

A.行李箱、行李袋和手提包等必须加锁

B.两件行李以上的包装件可以捆为一件

C.行李上不能附插其他物品

D.竹篮、网兜、草绳、草袋等不能作为行李的外包装

2. 拴挂（　　　）的托运行李，可免除行李牌上所标明免除责任项目的运输责任。

A.免责行李牌　　　　　　　　　B.易碎物品标签

C.重要旅客行李牌　　　　　　　D.速运行李牌

3. 有关旅客托运行李的标志牌拴挂说法正确的是（　　　）。

A.头等舱旅客的托运行李，必须拴挂头等舱标识牌

B.VIP行李必须拴挂头等舱标识牌

C.航空联盟会员旅客的行李和头等舱旅客的行李使用同一标识牌

D.速运行李必须拴挂急转联运牌

4. 航空公司对拴挂有"交运时行李破损"免责行李牌的行李承担（　　　）责任；而对拴挂有"旅客晚交运行李"免责行李牌的行李承担（　　　）责任。

A.丢失查询　　　　　　　　　　B.破损赔偿

C.行李延误　　　　　　　　　　D.丢失赔偿

5. 若旅客托运的行李物品中有贵重物品、易碎品、易腐物品发生缺失、损坏，承运人应（　　　）。

A.按其实际价值承担赔偿责任　　B.按其实际价值折旧后承担赔偿责任

C.按照一般行李承担赔偿责任　　D.不承担赔偿责任

6. 一名头等舱旅客托运了一个缺一个轮子的拉杆箱，工作人员收运时应为该托运行李拴挂（　　　）。

A.头等舱标识牌　　　　　　　　B.重要旅客行李牌

C.免除责任行李牌　　　　　　　D.易碎物品标签

7. 旅客带入客舱的用于包装易腐品的干冰总重量不得超过（　　　）。

A.1kg　　　　　　　　　　　　　B.2kg

C.1.5kg　　　　　　　　　　　　D.2.5kg

8. 含酒精（24%～70%）饮料，每位旅客最多交运（　　　）。

A.3L　　　　　　　　　　　　　B.4L

C.5L　　　　　　　　　　　　　D.没有限制

9. 锂电池进行航空运输时，（　　　）以内可以运输，（　　　）需航空公司同意，超过（　　　）不得运输。

A.100Wh；100～200Wh；200Wh　　B.50Wh；50～100Wh；100Wh

C. 100Wh；100~160Wh；160Wh D. 50Wh；50~80Wh；80Wh

10. （　　）可以作为托运行李。

A. 公务文件　　　　　　　　　B. 小动物

C. 轮椅　　　　　　　　　　　D. 古玩

11. （　　）不得作为行李托运或夹带在托运行李内。

A. 爆炸物品　　　　　　　　　B. 管制刀具

C. 化妆品　　　　　　　　　　D. 现金

12. 旅客乘坐国际、地区航班时，液态物品应盛放在单体容器容积不超过（　　）mL的容器内随身携带。

A. 50　　　　　　　　　　　　B. 100

C. 150　　　　　　　　　　　　D. 200

二、判断并改错

1. 行李可以分为托运行李和随身携带行李。（　　）

2. 经航空公司批准可以携带登机的100~160Wh锂电池，其数量不能超过3个。（　　）

3. 充电宝必须随身携带。（　　）

4. 旅客随身携带一瓶150mL的隐形眼镜药水可以乘坐国内航班。（　　）

5. 酒精含量大于70%的饮品，不得作为托运行李。（　　）

三、情景模拟

1. 全班同学分成若干组，每组由一名学生扮演旅客，另一名学生扮演行李收运人员，共同完成行李的检查，并办理收运手续。同时，针对下列行李收运中可能出现的情况，在情景模拟中给出解决方案。

（1）发现旅客行李外包装表面有破损。

（2）发现旅客行李中有易碎物品和贵重物品。

（3）为头等舱/公务舱/联盟高端会员旅客办理托运手续。

任务评价：

考核内容	满分	得分	备注
熟悉行李收运的基本要求（行李包装、尺寸、重量要求及空防安全要求）	30		
掌握办理行李收运手续的流程和要点	30		
为旅客提出合理可行的解决方案	30		
工作流程连贯，服务态度良好，表述规范清晰	10		
总　　分	100		

2. 王岚夫妇乘坐上海—北京的经济舱航班出游，以下是他们准备的相关行李，请帮他们判断一下哪些不符合航空运输的规定？该如何处理？

随身携带的行李物品	可否携带	如何处理
打火机一只		
饮料一瓶 100mL		
乳液一瓶 50mL		
牙膏一支 120g		
零食（牛肉干、果冻） * 根据我国民航运输相关规定，果冻属于液态物品		
水果刀一把		
宠物犬一只		
手提电脑一台		

托运的行李物品	可否托运	如何处理
三支小型医用水银温度计		
五瓶茅台酒（500mL 装）		
一盒小烟花		
换洗衣物若干		
雪月饼一盒（干冰 2kg）		
健身用的宝剑一把（已装入盒中）		
高级 DV 设备一套（价值 2 万元）		
DV 的充电锂电池共三块		

第二节　免费行李额及逾重行李费

引例　行李为什么要限重?

　　大部分航空公司对于托运行李和随身携带的非托运行李的尺寸和重量都有严格规定（见图 5.20）。为什么航空公司要严格限制托运行李呢?

　　对于托运行李来说，如果行李的重量超过限制，会增加行李运输人员的负担，而且会增加飞机油耗等运营成本；尺寸超过限制，一方面是运输人员不好搬运，在行李摆放时也会造成困扰，另一方面则会造成传送带无法传送、无法装机的情况。

图 5.20 行李称重

　　而随身携带的非托运行李的重量限制是为了保证飞机配载平衡，防止飞机发生重大偏移；尺寸超过限制则会堵塞飞机通道，不利于飞行安全。

✈ 一、免费行李额

免费行李额是由旅客支付运价、乘坐舱位等级和乘坐的航线所决定的可免费托运行李的限额。免费行李额按旅行航线可分计重制和计件制两类。

1. 计重制免费行李额（适用国内航线）

1）持成人或儿童票的旅客免费行李额

（1）头等舱：40kg。

（2）公务舱：30kg。

（3）经济舱：20kg。

2）婴儿旅客免费行李额

不享受免费行李额，可免费托运全折叠的轻便婴儿车或婴儿手推车一辆。

2. 计件制免费行李额（适用国际航线和地区航线）

1）持成人或儿童票的旅客免费行李额

头等舱及公务舱旅客：一般为 2 件；每件三边之和不超过 158cm；每件重量不超过 32kg。

经济舱旅客：因航线和舱位折扣，一般为 2 件或 1 件；每件三边之和不超过 158cm，两件六边之和不超过 273cm；每件重量不超过 23kg。

2）婴儿旅客免费行李额

按成人票价 10% 的婴儿旅客可托运 1 件，托运行李的三边之和应小于 115cm，重量不超过 10kg。另外还可免费托运全折叠的轻便婴儿车或婴儿手推车一辆。

3. 国际运输国内航段的免费行李额

构成国际运输的国内航段，旅客的免费行李额按适用的国际航线免费行李额计算。例如，持婴儿票的旅客，若符合国际运输条件，可享受 10kg 免费行李额。

4. 合并行李

搭乘同一航空器前往同一目的地点或者中途分程地点的两人以上的同行旅客或者团体旅客，在同一时间、同一地点办理行李托运手续的，旅客提出要求时，无论计重或者计件，其免费行李额可按各自的票价级别规定的标准合并计算。

5. 改变舱位等级

非自愿改变舱位等级的旅客，其免费行李额按原客票的免费行李额维持不变；自愿改变舱位等级的旅客，其免费行李额按变更后舱位等级办理。

✈ 二、逾重行李费

旅客托运行李，超过该旅客免费行李额规定的部分，称为逾重行李，应当支付逾重行李费。计重制中每千克（或者计件制中每件）逾重行李所需收取的逾重行李费，为逾重行李费率。

1. 计重制逾重行李费的计算

（1）计算逾重行李的超重重量：以 1kg 为单位，不足 1kg 应进整为下一个整数。

（2）计算逾重行李费率：国内航班逾重行李费率按填开逾重行李票之日所适用的单程直达成人经济舱全价票的 1.5% 计算，以分为单位，四舍五入。

（3）计算逾重行李费：逾重行李费 = 逾重行李费率 × 超重重量，金额以元为单位，小数点后的数字均进至个位。

2. 计件制逾重行李运费的计算

计件制逾重行李费，需要考虑超大、超重和超件费累加计收，较为复杂。而且航线不同，逾重行李费率不同，如表 5.2 和表 5.3 所示。

表 5.2　东航逾重行李收费规则（中国大陆与美国、加拿大之间航线）

| 类型 | 行 李 规 格 | | 收费标准 |
	重　量	尺寸（三边之和）	人民币（元）
超件	≤ 23kg	≤ 158cm	1300/ 件
超大	—	159 ~ 203cm（含）	1000/ 件
	—	203cm 以上	2700/ 件
超重	经济舱 23 ~ 32kg	—	1000/ 件
	公务舱 32 ~ 45kg（含）	—	2700/ 件

表 5.3　东航逾重行李收费规则（中国大陆与东南亚、南亚、中东之间航线）

| 类　型 | 行 李 规 格 | | 收费标准 |
	重　量	尺寸（三边之和）	人民币（元）
超件　第一件	≤ 23kg	≤ 158cm	800/ 件
超件　第二件及更多	≤ 23kg	≤ 158cm	1200/ 件
超大	—	159 ~ 203cm（含）	1000/ 件
	—	203cm 以上	2000/ 件

三、逾重行李票

逾重行李票，由以下四种票联构成。

（1）财务联（或称财务联），为财务结算用。

（2）出票人联，为出票人留存备查。

（3）运输联，为运输逾重行李及航空公司之间结算用。

（4）旅客联，为旅客提取逾重行李和报销凭证。

工作人员填开完逾重行李票后，将财务联、出票人联撕下保存。旅客持逾重行李票办理托运行李手续时，值机柜台工作人员撕下运输联作为运输凭证。

【例】旅客陆敏购买机票 781–2239541268，乘坐 8 月 20 日 MU9249 航班经济舱，从上海到广州。托运行李为 24.3kg，该航班 Y 舱票价是 2350 元，员工张三当天为其填开逾重行李票。请计算并填写国内逾重行李票（见图 5.21）。

逾重重量 24.3–20=4.3 ≈ 5（kg）

逾重费费率 2350 × 1.5%=35.25（元 /kg）

逾重行李费 35.25 × 5=176.25 ≈ 177（元）

中國東方航空公司 MU- 0460943

逾重行李票

EXCESS BAGGAGE TICKET

旅客姓名：NAME OF PASSENGER 陆敏　客票号码：TICKET NO. 781-2239541268

航段 SECTOR	承运人 CARRIER	航班号 FLIGHT NO.	重量 WEIGHT	费率/公斤 RATE/kg	运费金额 CHARGE	声明价值附加费 DECLARED VALUE	合计收费 TOTAL
自 至 FROM TO 上海–广州	MU	9249	5KG	35.25	177.00	/	177.00
日期 DATE 2023.08.20		经手人 ISSUED BY 张三		盖章 SIGNATURE			

1.财务联 1.AUDIT COUPON

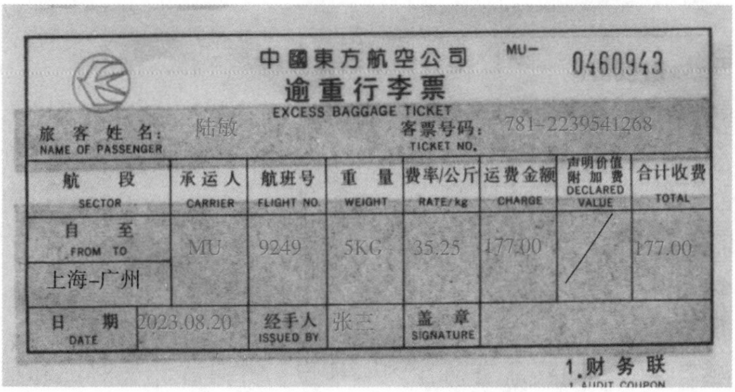

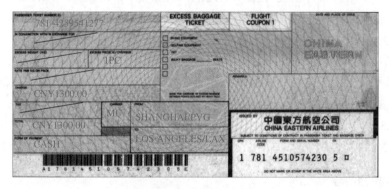

图 5.21　国内逾重行李票

【例】旅客 LU/MING 购买机票 781–4239541277，乘坐 8 月 20 日 MU583 航班经济舱，从上海到洛杉矶。托运行李超 1 件，重量不超过 23kg，三边之和不超过 158cm，旅客用现金付款。工作人员为其填开逾重行李票，如图 5.22 所示。

781-4239541277

EXCESS BAGGAGE TICKET

FLIGHT COUPON 1

1PC

CNY1300.00

CNY1300.00

CASH

MU

SHANGHAI/PVG

LOS ANGELES/LAX

CHINA

2023.08.20

中國東方航空公司

CHINA EASTERN AIRLINES

1 781 4510574230 5

图 5.22　国际逾重行李票

除了开具手工的逾重行李票外，也可通过 EMD 为旅客办理逾重行李收费。EMD (electronic miscellaneous document）又称电子杂费单，是承运人或其授权的代理人为收取杂费而填开的电子记录，是旅客支付航空杂费的有效凭证。

四、行李的退运

1. 旅客原因造成行李退运的处理

（1）办理逾重行李费的行李退运时，在始发地退运的，应退还已收逾重行李费；在经停地退运的，不退还已收逾重行李费。

（2）办理声明价值的行李退运时，在始发地退运的，退还已收声明价值附加费；在经停地退运的，不退还已收声明价值附加费。

2. 航空公司原因造成行李退运的处理

由于航空公司原因需要安排旅客改乘其他航班，托运行李的运输应随旅客进行相应变更，已收逾重行李费多退少不补，已交付的行李声明价值附加费不退。

※❀ **本节练习** ❀※

一、单项选择题

1. 符合国际运输条件的婴儿票的免费行李额是（　　）kg，符合国内运输条件的婴儿票的免费行李额是（　　）kg。

   A. 20；10   B. 10；0

   C. 10；10   D. 0；0

2. 有 3 名旅客乘国内同一航班前往同一地点，并且在相同时间和地点交运行李。其中 1 名旅客持头等舱客票，另 2 名持经济舱客票，则 3 名旅客的免费行李额合计为（　　）kg。

   A. 80   B. 60

   C. 40   D. 20

3. 一名成年旅客带一名婴儿乘坐国内航班经济舱，因承运人原因，两名旅客升至头等舱座位，则其免费行李额为（　　）kg。

   A. 80   B. 60

   C. 40   D. 20

4. 根据民航国内运输规定，旅客的逾重行李费率是以当日所适用的该航班经济舱单程成人正常票价的（　　）计算。

   A. 0.5%   B. 1%

   C. 1.5%   D. 2%

二、判断并改错

1. 机票上显示的免费行李额，仅仅指托运行李，旅客的自理行李和随身携带物品不计入在内。　　　　　　　　　　　　　　　　　　　　　　　　　　（　　）

2. 计重制国际航班转接国内航班，婴儿不享受免费行李额。　　　　　　（　　）

3. 自愿改变舱位等级的旅客，其免费行李额维持不变。　　　　　　　　（　　）

三、计算题

1. 旅客乘坐 CA9163 航班经济舱前往北京。已知经济舱全价票为 920 元，旅客托运行李为 43kg，则应收多少逾重行李费？

_____

_____

2. 旅客张×携带一名婴儿乘坐 6 月 5 日 MU5377 航班经济舱从上海前往深圳。已知经济舱全价票为 1280 元，旅客托运行李为 35kg，应收多少逾重费？请计算并为旅客填开逾重行李票。

×× 航空公司逾重行李票 EXCESS BAGGAGE TICKET								NO: 0885945
旅客姓名： NAME OF PASSENGER				客票号码： TICKET NO.				
航段 SECTOR	承运人 CARRIER	航班号 FLIGIT	重量 WEIGHT	费率 / 千克 RATE/kg	运费金额 CHARGE	声明价值 附加费 DECLARED VALUE	合计收费 TOTAL	
自至 FROM TO								
日期 DATE		经手人 ISSEED BY		盖章 SIGENATURE				

第三节　特殊行李运输

引例　特殊行李的"生命接力"——活体器官运输

统计数据显示，我国每年大约有 150 万器官衰竭患者，其中有 30 万人适合器官移植方式治疗，但目前每年仅有 1 万多人能得到器官移植的救治；未能及时获得合适的移植器官，是救治面临的一大难题。不同的器官在接受捐献、通过手术摘除后，必须在相当短的时间内马上用于移植手术，肝脏的这一时限为 12 小时，心脏只有 8 小时。人体器官能否及时转运，对开展移植手术、抢救生命至关重要。

2016 年，包括民航局在内的六部委专门出台了《关于建立人体捐献器官转运绿色通道的通知》。2017 年，民航局编制了《人体捐献器官航空运输管理办法》，

> 进一步明确人体捐献器官的航空运输保障流程，建立起环环相扣的服务保障体系。据统计，2017—2021 年全国民航共开通人体捐献器官航空运输绿色通道 9000 余次，保障器官转运，民航一直在努力。

特殊行李是指因行李本身性质、价值、体积或重量而对装卸、运输、保管、收费等有特殊要求的行李。本节内容选取了几种常见的特殊行李进行介绍。

一、小动物运输

作为行李运输的小动物是指家庭饲养的狗、猫等小型温驯动物或者玩赏宠物，（见图 5.23）。野生动物和具有怪异形体或者易于伤人等特性的动物如蛇等，不属于可以作为行李运输的小动物范围。

图 5.23　小动物运输

（1）托运小动物，旅客必须在订座或购票时提出申请，未提前申请的不予接收。

（2）在办理小动物运输申请及交运时，旅客应出示由国家相关职能部门出具的动物检疫证明，国际航线运输时还需提供相关国家运输小动物出境、入境和过境所需的有效证件，包括出入境或过境许可证。

（3）装运小动物的容器要能防止小动物逃逸、保证空气流通、防止粪便渗溢。

（4）除经承运人同意允许进入客舱的服务犬外，小动物只能装载在具备供热空调和通风设施的货舱内运输。

（5）小动物运输不予办理声明价值服务。

（6）办理小动物运输的行李不计入免费行李额内，计重制航线小动物连同其容器及食物的总重量作为逾重重量，按适用的逾重行李费率计收运费。

（7）旅客应对所托运的小动物承担全部责任，除承运人原因以外，在运输中出现的小动物受伤、丢失、延误、患病或者死亡，承运人不承担责任。

二、占座行李

旅客通过支付额外机票费用，可以将其携带的自认为需要带进客舱的物品（常见有佛像、乐器、精密仪器或贵金属等）作为占座行李运输（见图 5.24）。

图 5.24　占座行李

（1）旅客办理行李占座业务应事先申请，并提供行李的类型、性质、件数、重量、尺寸等信息。

（2）旅客购买占座行李客票的舱位，必须与旅客旅行客票的物理舱位一致。

（3）占座行李应包装完好，避免对旅客及机组人员造成伤害。

（4）占座行李不得阻碍正常或紧急安全出口、客舱过道，不得阻碍旅客看到座位安全带标识、禁烟标识以及相关紧急出口标识等。

（5）每件占座行李的重量不得超过 75kg，体积不得超过 40cm×60cm×100cm。

（6）占座行李没有登机牌，仅发放旅客一张登机牌。

（7）占座行李不予办理声明价值服务。

三、外交信袋

由外交信使携带的外交信袋装有国家的外交机密文件，在大使馆与领事馆之间以及使领馆与本国外交部之间传送运输。外交信袋运输工作关系到国家与国家之间的外交关系。因此，承运人对运输外交信袋必须给予高度重视。

（1）外交信袋应当由外交信使作为随身携带物品或自理行李自行照管。

（2）外交信袋数量较多需占座位时，按照占座行李的一般要求办理。

（3）数量较多的外交信袋也可根据外交信使的要求，按照托运行李收运。作为托运行李运输的外交信袋，承运人只承担一般托运行李的责任。

（4）旅客在上下机过程中搬运外交信袋，可以要求航空公司免费提供车辆或人员协助。

（5）在航班经停地点，机要交通员或外交信使要求留在客舱内照管其机要文件/外交信袋时，在机上留有民航工作人员的情况下，应允许并提供方便。

（6）外交信袋作为托运行李/自理行李时，与旅客本人行李合并计重，超过免费行李额的部分，应交纳逾重行李费。

四、轻泡行李

旅客托运行李每千克体积超过 6000cm³，按轻泡行李（或低密度行李）接收。

（1）对体积大、重量轻的托运行李，值机柜台人员应判断其是否为轻泡行李。

（2）轻泡行李不以实际重量计重，而应以体积重量计重。

（3）轻泡行李一般按普通行李的规则收运，若体积超大则按大件行李接收办理。

（4）轻泡行李的收费。

① 轻泡行李应首先量出长、宽、高尺寸，如度量单位是厘米，按四舍五入的原则进行进位。例如，40.2cm×59.5cm×99.7cm=40cm×60cm×100cm。

② 轻泡行李体积以每 6000cm³ 折合为 1kg。

计算公式：体积重量 = 总体积 /6000cm³

③ 体积重量计算到小数点后一位为止，小数点后一位以满 5 进到个位，未满 5 进到 5 来计算。例如，318.15kg=318.5kg；757.57kg=758.0kg。

④ 体积折合重量超过免费行李额，超出部分应支付相应的逾重行李费。

五、声明价值行李

当旅客的托运行李的每千克实际价值超过承运人规定的每千克最高赔偿限额时，旅客可以办理行李声明价值。办理过声明价值的行李，如在运输途中由于承运人原因造成损失，承运人应按照旅客声明的行李价值进行赔偿。

（1）办理声明价值的行李，其行李每千克价值应超过 20 美元（符合国际运输条件）/100 元人民币（符合国内运输条件）。

（2）每一旅客的行李声明价值不得超过行李本身实际价值，最高限额为 8000 元人民币（国内航线）/2500 美元（国际 / 地区航线）。

（3）行李中的任何单件物品无法办理声明价值业务，仅接受整件行李的声明价值办理。

（4）除与另一承运人有特别协议外，一般只能在同一承运人的航班上办理行李声明价值。

（5）承运人按声明价值承担责任，但对超出行李实际价值的部分不承担责任。

（6）占座行李、非托运行李、小动物不得办理行李声明价值。

（7）办理声明价值的行李应单独装箱，并与旅客同机运出。

（8）办理声明价值的行李重量不计入免费行李额内，应另外收费。

（9）承运人应按旅客声明价值中超过最高赔偿限额部分价值的千分之五收取声明价值附加费。计算公式为：

$$\frac{声明价值}{附加费} = \left(\frac{行李的声明}{总价值} - \frac{每千克普通}{行李最高赔偿费} \times \frac{办理声明价值}{行李总量} \right) \times 5‰$$

声明价值行李的计费重量为千克，不足千克者应进整为千克。

声明价值附加费以元为单位，不足元者应近整为元。

❀❀ 本节练习 ❀❀

一、单项选择题

1. 轻泡行李以每（   ）cm³ 折合为 1kg。

    A. 4000   B. 5000

    C. 6000   D. 7000

2. 国内运输行李每千克价值超过（   ）元可以办理声明价值。

    A. 40   B. 50

    C. 80   D. 100

3. 外交信袋占座重量与体积限制为（   ）。

    A. 50kg；20cm×40cm×55cm   B. 50kg；40cm×60cm×100cm

    C. 75kg；20cm×40cm×55cm   D. 75kg；40cm×60cm×100cm

4. 每一旅客的行李声明价值不得超过行李本身实际价值，最高限额为人民币（   ）元（国内航线）/（   ）美元（国际 / 地区航线）。

    A. 6000；2000   B. 8000；2500

    C. 6000；2500   D. 8000；2000

5. 下列哪些托运行李能作为免费托运行李计算（　　　）。

    A. 小动物

    B. 申明价值行李

    C. 轮椅旅客的轮椅

    D. 占座行李

6. 经济舱（计重制）旅客携带小动物乘机，小动物及其容器的总重量为 7kg，旅客另有托运行李 15kg，则旅客超重（　　　）kg。

    A. 2

    B. 7

    C. 15

    D. 22

二、判断并改错

1. 占座行李的免费行李额和旅客本人的免费行李额保持一致。　　　　（　　　）

2. 外交信袋作为托运行李时，其重量不计入免费行李额内，应另外收费。（　　　）

3. 轻泡行李一般按普通行李的规则收运。　　　　　　　　　　　　　（　　　）

4. 旅客的随身携带行李可以办理声明价值。　　　　　　　　　　　　（　　　）

5. 旅客可以为托运行李中的单件物品单独办理声明价值。　　　　　　（　　　）

三、计算题

1. 一旅客乘坐国内航班，携带一件体积为 40cm×60cm×100cm 的行李托运，重量为 23kg，机票免费行李额为 20kg，请问是否超重？

2. 某旅客为其一件 12kg 行李声明价值 4000 元，其声明价值附加费是多少？

第六章　行李查询

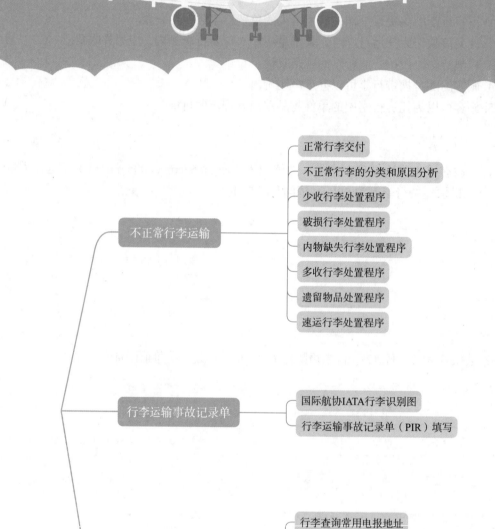

不正常行李运输
- 正常行李交付
- 不正常行李的分类和原因分析
- 少收行李处置程序
- 破损行李处置程序
- 内物缺失行李处置程序
- 多收行李处置程序
- 遗留物品处置程序
- 速运行李处置程序

行李运输事故记录单
- 国际航协IATA行李识别图
- 行李运输事故记录单（PIR）填写

行李查询业务电报
- 行李查询常用电报地址
- 行李查询常用电报种类
- 行李少收电报实例
- 破损/内物短少行李电报实例
- 多收行李电报实例

本章学习目标

知识目标：识记不正常行李的分类；识记行李查询电报的种类和用途。

能力目标：判断行李不正常情况；掌握不正常行李查询和处置流程；掌握行李运输事故记录单的填开；熟练识读电报、掌握电报的拍发。

素养目标：通过熟悉行李查询流程，加强规范意识，培养爱岗敬业、严谨细致的职业态度。

第一节　不正常行李运输

引例　行李的"身份证"

RFID（Radio Frequency Identification）又称无线射频识别，是当前国际航空行李管理领域最领先的技术。RFID 行李标签（见图 6.1）是行李独特的"身份证"，在行李全流程跟踪中发挥着重要的作用。

当旅客托运行李时，值机人员会将行李牌号码、航班号、出发港、到达港、起落时间等信息写入行李牌内嵌的芯片中，当带有芯片的行李经过分拣、装机、到达、提取等各个节点时，这些行李数据信息就会被自动采集到后台数据

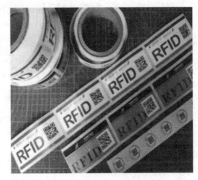

图 6.1　RFID 行李标签

库，从而实现行李运输全流程的准确追踪，大大减少了托运行李错运、漏运、丢失等问题。旅客可以实时获取行李动态信息，享受高科技服务带来的便捷、安心体验。

一、正常行李交付

1.国内航班行李交付

（1）旅客应在航班到达后前往机场到达大厅领取行李。

（2）在旅客提取托运行李时，工作人员应查验行李牌，即查验旅客手持的行李牌识别联与行李上的行李牌号码是否一致，以避免旅客多拿、漏拿或错拿行李。

（3）旅客遗失行李牌识别联，行李被冒领，航空公司不承担责任。

（4）旅客在领取行李时，未提出书面异议，即认为该行李已经按照运输合同完好交付并与运输凭证相符的初步证据。

2.国际航班行李交付

（1）国际到达航班的行李需要接受当地海关及动植物检验检疫的检查。

（2）其他要求与国内到达航班行李交付的要求基本一致。

二、不正常行李的分类和原因分析

不正常行李指行李运输过程中发生不正常情况，如错装、漏装、污损、迟到、损坏、遗失等，造成承运人不能按照客票和行李票上约定的时间和地点及时完好地交付给旅客的行李（见图6.2）。

图6.2 不正常行李

1.少收行李

少收行李（Advise If Hold，AHL），指航班到达后，无法将应随旅客同机运达交付给旅客的托运行李。旅客在中转站出示行李牌，拿不到随机托运的行李，也属少收行李。导致少收行李的主要原因如下。

（1）始发站：值机柜台——行李牌漏挂、错挂、迟交运；行李分拣——漏装、错装。

（2）到达站：行李分拣——漏卸、错卸；行李提取——错拿。

（3）中转站：漏装、错装，或由于转机时间不足导致行李来不及装上飞机。

2.破损行李和内物缺失行李

破损行李和内物缺失行李（Damage/Pilferage）简称DPR。

破损行李指旅客的托运行李在运输过程中，行李外部受到损伤或行李的外部形状改变，因而使行李的外包装或内装物品的价值受到损失。

内物缺失行李指旅客的托运行李由于破损或其他原因而造成行李内部物品的遗失。

主要原因：装卸时造成的破损、行李在飞行途中由于气流引起颠簸而相互碰撞造成的破损、其他旅客引起的破损（如其他旅客的行李中携带的液体溢出沾污）。

3.多收行李

多收行李（On Hand Baggage）简称OHD，指每一次航班行李交付工作完毕后，仍无人认领的进港行李；或因行李脱牌、旅客晚到等原因而无法与旅客同机运出的出港行李。多收行李的主要原因如下。

（1）始发站：旅客迟交运、飞机平衡原因行李限载、行李卡盘、行李牌脱落。

（2）到达站：旅客遗留（旅客忘提等）、错运、错卸、本站或外站少收。

4.遗留物品

遗留物品指旅客遗留在飞机上或到达大厅内的非托运行李。

5.速运行李

速运行李（Forword Baggage）简称FWD，指行李发生不正常运输后，承运人迅速安排后续航班将其运往目的地的行李。

三、少收行李处置程序

少收行李应在旅客离开机场前当场申报。处置流程见图6.3。

图 6.3　少收行李处置流程

1. 查询行李信息

联系行李分拣调度，确认本站已无漏卸行李；与现场无人认领行李比对，看有无类似，确认是否错拿；通过电话联系外站、World Tracer（环球行李查询系统）、SITA 电报机查询，了解行李信息。

2. 建立少收行李档案

查找未果后，协助旅客依据国际航协行李识别图填写不正常行李事故记录单（Property Irregularity Report，PIR），并在 World Tracer 环球行李查询系统中建立少收行李档案 / 拍发 AHL 电报。

3. 提供临时生活费（必要时）

如因航空公司原因造成行李无法在当天到达，造成旅客的旅途生活不便，可根据实际情况，向旅客一次性支付临时生活费，供其购买必要的衣物及临时生活用品。

4. 继续查询

（1）未找到行李的继续为旅客查找。

（2）自旅客报失行李起 24 小时内，主动向旅客说明相关行李的查询进展。

（3）3 天（或由各航空公司自行规定）查找无果案件，向旅客发放遗失物品问卷，并继续查找。

5. 联系旅客，告知查询结果

（1）找到行李的及时交付旅客。

（2）经 21 天查询后仍未有结果的，按规定为旅客提供相应赔偿。

四、破损行李处置程序

破损行李应在旅客离开机场前当场申报；或在旅客收到行李后的 7 天内提出申报。处置流程见图 6.4。

1. 行李检查

检查行李，确认其破损的具体情况。查看托运行李条，确认旅客是否签过相应免责。如果签过免责，航空公司不承担责任。

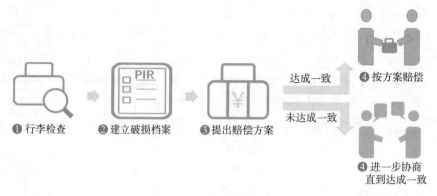

图 6.4　破损行李处置流程

2. 建立破损行李档案

协助旅客填写不正常行李事故记录单（PIR）并在 World Tracer 环球行李查询系统中建立破损 / 内物短少行李档案或拍发 DPR 电报。

3. 提出赔偿方案

（1）送往承运人指定的箱包修理公司进行修复。

（2）旅客自行修复破损行李，其箱包修理地点、价格必须事先得到承运人认可。

（3）以现金方式赔偿。

（4）承运人提供指定的新箱包给旅客，并回收旧箱。

（5）旅客购买同原箱相同或相似的新箱包，凭购买发票向承运人报销。

未与旅客达成赔偿处理意见的案件，需要后续进一步与旅客协商，直到达成一致的赔偿方案。

五、内物缺失行李处置程序

内物缺失行李应在旅客收到行李后的 7 天内提出申报。处置流程见图 6.5。

1. 行李检查

查看托运行李条，确认旅客是否签过相应免责（如锁或拉链损坏）。如果签过免责，航空公司不承担责任；当行李外包装完好（锁扣未打开或损坏）以及收到行李重量不低于托运行李总重量，航空公司不承担责任。

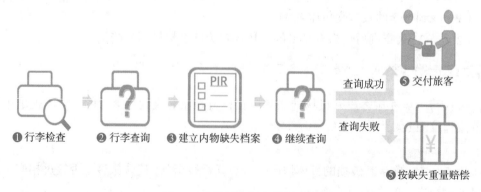

图 6.5　内物缺失行李处置流程

2. 查询缺失内物信息

向本站装卸部门、作业区域、机场失物招领以及涉及外站等寻找遗失内物。

3. 建立内物缺失行李档案

协助旅客填写不正常行李事故记录单（PIR）、遗失物品问卷（MPQ），并在 World Tracer 环球行李查询系统中建立破损 / 内物短少行李档案。

4. 继续查询

由航空公司进行本站及外站查询，拍发 DPR 电报；找到缺失的内物后及时联系旅客。

5. 联系旅客，告知查询结果提出处置意见

（1）将找到的缺失内物及时交付旅客。

（2）查询后仍未有结果的，制定合理赔偿方案。当短缺重量无法确认时，应根据 IATA 行李内物重量折算表进行估算，将得出的重量作为行李短缺重量，按每千克行李最高赔偿限额赔付。

六、多收行李处置程序

多收行李处置流程见图 6.6。

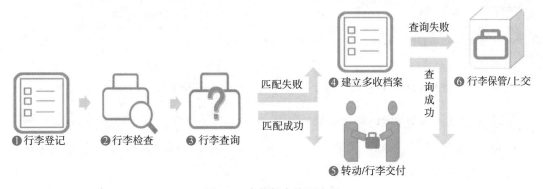

图 6.6　多收行李处置流程

1. 行李登记

接收行李，为多收行李编号并记录行李信息。国际进港行李必须过海关及卫检。

2. 行李检查

根据行李信息初步判断多收行李的类型（如本站少收、错运、外站退回、中转速运、始发遗留、中转遗留、错提遗留、无人认领、落牌行李）。

3. 查询行李信息

对多收行李进行快速查询，若可匹配，则尽快将行李转运或交付旅客。

4. 建立多收档案

若查询无匹配，则应在 World Tracer 环球行李查询系统中建立多收行李档案 / 拍发 OHD 电报。

5. 行李交付

（1）行李转运。确认需转运行李的转运航班，填写、拴挂速运行李牌，并通过

World Tracer、SITA 电报机拍发速运电报。

（2）直接交付旅客。联系旅客，确认行李交付方式：快递或机场领取。

6. 行李保管／上交

（1）当天无人认领的多收行李必须称重、上铅封并入库。每日核对仓库多收行李情况，因行李交付、转运、上交等操作需要移出仓库的，做好记录。

（2）超过 90 天无人认领的海关待检行李，移交海关。

（3）其他超过 90 天无人认领的行李，移交航空公司相关部门处理。

七、遗留物品处置程序

除因航空公司原因造成的非托运行李损失外，航空公司不承担责任，但有义务为旅客提供查询服务、遗留物品保管服务。

1. 接收和登记

接收客舱或到达大厅的遗留物品，登记并标注遗留物品编号。

2. 遗留物品保管

当天无人认领的遗留物品必须入库。普通遗留物品按天摆放；贵重物品专门放入带锁的保险柜；24 小时无人认领的鲜活、易腐物品做废弃处理。因遗留物品交付、上交等操作需要移出仓库的，做好记录。

3. 遗留物品交付

联系旅客，确认行李交付方式：快递或机场领取。

4. 遗留物品上交

超过 90 天无人认领的遗留物品，移交航空公司相关部门。

八、速运行李处置程序

当行李发生迟运或错运时，为了尽快将行李运往旅客的目的地，应使用速运行李牌。

1. 处理程序

（1）安排最合适航班。

（2）检查包装、核对重量、办理海关手续等。

（3）填写、拴挂速运行李牌等运输手续。

（4）进行行李转运记录登记。

（5）拍发业务电报，特殊情况通过电话等其他方式联络外站。

（6）行李转运信息记录在相应的国内少收行李处理登记本及多收行李处理登记本上，做销号处理。

（7）本航站少收案件行李转运后的结案工作。

2. 速运行李牌填写

速运行李牌正反面各栏的填写见图 6.7。

1）正面各栏的填写

（1）行李重量栏填写该速运行李的重量，用千克表示。

（2）航班和航程栏应从下至上倒序填写，其中"FINAL DESTINATION"栏及"VIA"

栏应用三字代码表示航班目的站或中转站。

2）反面各栏的填写

（1）TO（STATION/OFFICE/AIRLINE）：填写将该行李交给指定航站、指定航空公司的指定部门，如 PEKLNCA。

（2）FROM（STATION/OFFICE/AIRLINE）：填写该行李是由哪个航站、哪个航空公司的哪个部门速运出去的，如 PVGLNMU。

（3）REFERENCE NO.：一般填写少收行李查询编号，以告知对方航站该速运行李属于哪个少收案件的旅客。

（4）ORIG BAG TAG NO.：填写该行李的原始行李牌号码。

（5）NAME：填写旅客的姓名。

（6）ADDRESS：填写旅客的地址。

（7）PHONE NO.：填写旅客的联系电话。

（8）AT EXPENSE OF：填写支付该速运费用的航空公司代码，一般用"FOC"表示"免费运送"。

（9）INFORMATION / INSTRUCTIONS：用自由格式填写一些注意事项。

图 6.7　速运行李牌（正反面）

~~~~ 本节练习 ~~~~

一、不定项选择题

1. 查验旅客票证，确认行李少收原因，原因一般有（　　　）。
   A. 旅客迟交运　　　　　　　　B. 行李错挂、漏挂
   C. 旅客错拿　　　　　　　　　D. 行李错卸、漏卸

2. 少收行李（　　）天后仍未找到，开始进入理赔阶段。
   A. 5　　　　　　　　　　　　B. 7
   C. 21　　　　　　　　　　　 D. 30

3. 旅客托运行李发生破损，可提供的赔偿方案有（　　　）。
   A. 现金赔偿
   B. 承运人提供新箱
   C. 承运人进行箱包修理
   D. 旅客自行完成维修后，凭发票报销
   E. 旅客购买同原箱相同或相似的新箱包，凭发票报销

二、判断并改错

1.国际航班的多收行李必须通过海关查验。　　　　　　　　　　　（　　）

2.对于行李损坏，应当在交付行李时立即向承运人提出索赔要求，最迟不得超过从收到行李之日起7日。　　　　　　　　　　　　　　　　　　　　（　　）

3.旅客长期住址无论是否在当地，承运人都需要支付临时生活用品补偿费。

　　　　　　　　　　　　　　　　　　　　　　　　　　　　　　（　　）

4.遗留物品超过21天无人认领，移交航空公司相关部门。　　　　　（　　）

第二节　行李运输事故记录单

引例　南航全球首推智能行李赔付

在不正常行李处置的常规流程中，行李运输事故记录单的填写是必不可少的一步。然而，纸质版单据存在填写耗时、存储不便、赔付周期慢等弊端，为了提高旅客服务体验，南航研发了智能行李赔付功能，将之嵌入南航新版全球行李查询系统。

当行李发生破损时，旅客或工作人员可以通过南航App或者小程序，将行李破损位置拍照上传至系统，系统将通过目标检测和图像识别技术，对图片、视频进行自动分析，快速判定旅客行李破损位置和轻重程度，并输出对应赔付意见，实现行李定损自动化。该功能告别了传统的行李赔付模式，处理全程无须人工介入，理赔平均耗时由原来的20分钟缩短至约1分钟（见图6.8）。

图6.8　南航智能行李赔付功能

此外，系统还提供临时生活费补偿的电子赔付功能、晚到行李一键配送到家服务等，为旅客提供更加人性化、数字化、精细化、个性化、便捷化的行李服务。

一、国际航协IATA行李识别图

国际航协IATA行李识别图见图6.9和图6.10。

1.行李的颜色：用英语二字代码表示

行李颜色两字代码，见表6.1。

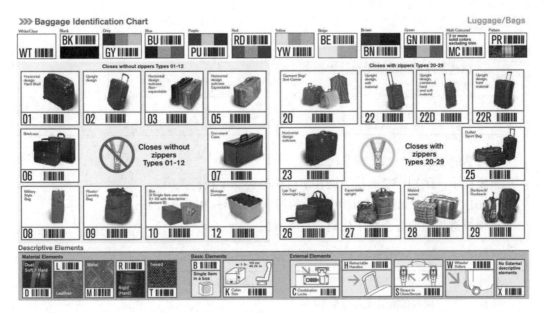

图 6.9　国际航协行李识别图正面

图 6.10　国际航协行李识别图背面

表 6.1　行李颜色的两字代码

代码	行 李 颜 色	代码	行 李 颜 色
WT	白色 / 透明	BK	黑色
GY	灰色，铝色，银色	BU	蓝色
RD	红色，粉红色	YW	黄色，橘黄色，金色
PU	紫色	BE	米色，奶油色，象牙色

续表

代码	行李颜色	代码	行李颜色
BN	棕色，棕褐色，灰褐色，古铜色，铁锈色	GN	绿色，橄榄色
MC	2种或2种以上的单色（装饰物除外）	PR	花纹的，印花的，点状图案的，条纹图案的，方格图案的

2. 行李的形状：用二位数字代码表示

重要提示：区别行李形状关键在于行李是否需要拉链关闭。

1）01～12型：无须拉链即可关闭的行李（Closes Without Zippers）

无须拉链关闭的行李数字代码，见表6.2。

表 6.2　无须拉链关闭的行李数字代码

代码	行李的形状
01 型	横向放置的硬壳行李箱
02 型	纵向放置 / 带拉杆的硬壳行李箱
03 型	横向放置 / 不可撑开的行李箱
05 型	横向放置 / 可撑开的行李箱，质地一般为皮或人造革
06 型	公文包
07 型	公文箱
08 型	圆筒状具有军队风格的软包
09 型	塑料袋 / 洗衣袋，指开口可用绳子收紧的圆筒状软袋（野营袋或垃圾袋）
10 型	纸箱、木箱、金属箱、塑料箱
12 型	储物箱

2）20～29型：需要拉链关闭的行李（Closes With Zippers）

需要拉链关闭的行李数字代码，见表6.3。

表 6.3　需要拉链关闭的行李数字代码

代码	行李的形状
20 型	西装包 / 西装袋，有时有拉杆
22 型	纵向放置 / 带拉杆的软箱
22D 型	纵向放置 / 软硬材料结合的行李 / 拉杆箱
22R 型	纵向放置 / 硬质材料制成的行李 / 拉杆箱
23 型	横向放置的行李箱
25 型	野营 / 装体育用品的方形软包，有时有拉杆
26 型	手提电脑包 / 装洗漱用品的过夜软包
27 型	纵向放置 / 可伸缩的软包（三节包）
28 型	各种编织袋
29 型	双肩背包 / 旅行用帆布包

3）50～99 型：其他行李物品（Miscellaneous Articles）

其他行李物品的数字代码，见表 6.4。

表 6.4　其他行李物品的数字代码

代码	行李的形状
50 型	帽盒
51 型	邮袋 / 邮件盒 / 邮包
52 型	大型旅行箱 / 样品展示箱（需具体描述）
53 型	艺术公文包 / 活页夹
54 型	管件（无运动装置）
55 型	免税品（需具体描述）
56 型	化妆盒
57 型	宠物航空箱
58 型	微型冰箱 / 制冷机
59 型	工具箱 / 渔具箱
60 型	钓鱼竿
61 型	便携式枪支
62 型	高尔夫球杆 / 球杆包（需具体描述）
63 型	自行车及其附件（需具体描述）
64 型	睡袋 / 睡垫 / 帐篷（需具体描述）
65 型	冲浪设备（需具体描述）
66 型	双板滑雪板 / 滑雪杆
67 型	单板滑雪板 / 雪橇（需具体描述）
68 型	滑雪鞋 / 鞋包
69 型	不属于其他类别的运动器械（需具体描述）
71 型	婴儿 / 儿童安全座椅
72 型	不属于其他类别的婴儿 / 儿童装置（需具体描述）
73 型	婴儿车（不可折叠）
74 型	折叠式婴儿车
75 型	带轮子的运动器具（需具体描述）
81 型	视听 / 照相器材（需具体描述）
82 型	计算机 / 联络设备（需具体描述）
83 型	电器（需具体描述）
85 型	所有乐器（需具体描述）
89 型	折叠椅
90 型	行李推车
92 型	不安全的物品（需具体描述）
93 型	所有材质的购物袋

续表

代码	行李的形状
94 型	电动或手动轮椅及其附属物
95 型	辅助行动设备
96 型	床上用品
97 型	潜水用品袋 / 设备
98 型	所有类型的伞
99 型	未列举的物品（需具体描述）

3. 行李辅助信息：用一个英语字母表示

1）材料信息（Material Elements）

材料信息的代码，见表 6.5。

表 6.5 材料信息的代码

代　码	材 料 信 息
D——Dual: Soft/Hard	双重材料：软 / 硬
L——Leather	皮革
M——Metal	金属
R——Rigid(Hard)	硬质材料
T——Tweed	粗花呢

2）基本信息（Basic Elements）

基本信息的代码，见表 6.6。

表 6.6 基本信息的代码

代　码	材 料 信 息
B——Single item in a box	箱子内装单件物品
K——Cabin Size	客舱行李大小，三边之和不超过 115cm（45.25 英寸）

3）附属信息（External Elements）

附属信息的代码，见表 6.7。

表 6.7 附属信息的代码

代　码	材料信息
C——Combination Locks	密码锁
H——Retractable Handles	可伸缩拉杆
S——Straps to Close/Secure	用于关闭或绑紧的绑带
W——Wheels/Rollers	轮子
X——No External descriptive elements	无附属信息

4.行李描述

根据 IATA 行李识别图，可以进行行李描述。行李描述由 7 个字符构成，分别是行李颜色二字代码、行李形状二字代码及三个行李辅助信息。进行行李描述时应注意以下两方面。

（1）行李辅助信息应按照英语字母的排列顺序填写。如 BK22RHW，表示黑色22 型硬质带轮拉杆箱。

（2）如果箱内只装一种物品，则应使用 01～99 代码加上行李基本信息 B。如一个黄色纸箱内装一台黑色计算机，应表示为 BK82BXX，黄色用其他方法注明。

二、行李运输事故记录单（PIR）填写

除多收行李外，其他不正常行李运输包括行李发生少收、破损、内物短少时，应会同旅客填写行李运输事故记录单（见图 6.11），作为处置、处理、寻找、交付、赔偿、交还的依据。在填写 PIR 时，应力求做到准确、详尽。使用英文，大写标准字体。中文或其他当地使用语言文字可以在填写联系地址时使用。

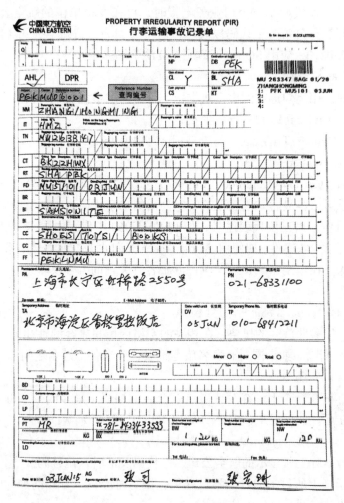

图 6.11　行李运输事故记录单

1. 电报等级及收电单位

（1）Priority：填写电报等级代号，如 QU（快报，加急拍发）、QD（平报，普通拍发）。

（2）Address（ES）：用七个英语字母表示收电单位，前三个字母为收电单位所在机场（城市）代码，如"PEK""CAN"；中间两个字母为行李查询部门代码，如"LL（国际行李查询）""LN（国内行李查询）"和"LZ（行李查询中心）"；后两个字母为航空公司二字代码，如"CA""CZ"，如 PEKLNCA（国航北京国际行查）、CANLNCZ（南航广州国内行查）。如行李牌上未显示航空公司代码，可用 YY 代替。

2. 发电报单位及日时组

（1）Originator：用七个英语字母表示发电报单位，前三个字母为发电单位所在机场（城市）代码，中间两个字母为行李查询部门代码，后两个字母为航空公司二字代码。

（2）Date、Time、Initials：日时组中，用两位阿拉伯数字表示"日期"，如一号为"01"；用四位阿拉伯数字表示"小时和分钟"，如"1030"。必要时，在日时组后用"/"加上经办人员代号。

（3）在拍发其他代理航空公司业务电报时，可在发报单位的航空公司二字代码后空格加上该代理航空公司两字代码以表示该航空公司为付费航空公司（"双签字"），如 SHAKIMUSQ/230810，应由 SQ 承担该电报 SITA 网路费用。

3. 行李运输事故类别

填写 PIR 时，用笔勾选或圈出事故类别。行李运输事故类别分两种。

（1）AHL，Advise if Hold，行李少收。

（2）DPR，Damage/Pilferage，行李破损／内物短少。

4. Reference Number 查询编号

（1）Airport、Carrier、Reference Number：如手工查询的，填写行李运输事故航站的三字代码与承运旅客最后一段航程的航空公司的二字代码。末尾五位阿拉伯数字的前二位代表当前月份，后三位代表序号，如 PEKMU06001 代表中国东方航空公司北京航站六月第一个行李少收案件；如使用 World Tracer 查询的，查询编号由系统自动生成。

（2）工作人员在填制完 PIR 后，应告诉旅客有关查询编号及联系电话，便于旅客日后查询。

5. NM——Passenger's Name 旅客姓名

工作人员可以参照旅客的机票，在相关的空格内填写旅客的姓和名，姓在前，名在后，中间用"/"间隔。如果同时有多名旅客报失，应在各个姓名之间用"/"间隔。

6. IT——Initials 缩写

填写旅客标记在行李上的缩写或者旅客全名的缩写（最多四个字母），名的缩写在前，姓的缩写在后。如王卫东，WANG/WEIDONG，缩写为 WD/W。

7. TN——Baggage Tag Number 行李牌号码

（1）填写行李牌上所显示的航空公司二字代码及最后六位号码。

（2）如行李牌上所显示的号码不足六位，填写时应在该号码前加"0"，补足六位。如超过六位号码，应填写最后六位数字。

（3）如行李牌上未显示航空公司二字代码，填写时可用"YY"表示。

（4）如行李牌号码中含有未知数，可用"X"表示，至多可输入三个"X"。

8. CT——Colour Type Description 行李描述

根据 IATA 公布的行李识别图中色彩二字代码、行李类别二字代码及行李的辅助信息组构成，总共 七个字符。应注意行李辅助信息即最后三个字符，应按照英语字母的排列顺序填写。如 RD29HWX（红色，29 型，有可伸缩拉杆，有轮子）。

最多同时可填入五组代码。例如，CT RD02CWX，解释如下。

RD：IATA 二字颜色代码，红色。

02：IATA 二字行李类型代码，02 型即纵向放置 / 带拉杆的硬壳行李箱。

CWX：三个辅助信息代码，有密码锁和轮子。C 表示 Combination Locks 密码锁，W 表示 Wheels/Rollers 轮子，X 表示 No External descriptive elements，无附属信息（详见本节一部分）。

9. RT——Routing And / Or Locations To Be Traced 航程及经停点

按航班始发至到达顺序依次填写旅客全程中所经过的每一个机场的三字代码，顺序如下。

（1）旅客始发航站。

（2）旅客第一个中转航站（如果有联程航班）。

（3）第二个中转航站及其他中转航站。

（4）旅客目的地航站。

（5）旅客乘坐航班的其他经停航站。

（6）其他想要寻找的航站。

10. FD——Carrier- Flight Number 航班号、Date（DAY/MO）日期

填写航空公司二字代码、航班号及航班飞行日期的信息。按航班始发至到达顺序依次填写，旅客行程所乘坐的每一个航班及飞行日期。若航班号不明，用"YY"表示，如 NW1255/18AUG/YY/20AUG/MU512/20AUG。

11. BR——Baggage Routing 行李航线、Date（DAY/MO）日期

此栏用于旅客更改了航班而行李牌未更改的情况。应填写行李牌上所显示的航程，填写方式同 FD 项。

12. BI——Brand Name Of Bag 行李箱标牌

Distinctive Outside Identification 外部明显识别特征、Other Markings/Hotel Stickers On Bag 其他标识。

应尽可能向旅客了解有关行李的品牌和其他外部详细标识性信息。

如 TN 及 CT 栏中所列出的行李超过一件时，应为每一件行李分别列出 BI 项目行。

13. CC——Category 物品类别、Contents Description 物品具体描述

根据旅客的描述，参照 PIR 单第一联、第二联反面的行李内物参照表，列出主要行李内物，然后对其进行具体的描述。描述中应尽量避免使用"Clothes"之类的泛称，而应使用如"REDT-SHIRT"这样的具有特征性的物品描述，（见表 6.8 和图 6.12）。

表6.8 行李内物参照表

CONTENTS: (MAIN CATEGORY GUIDE)			
/AGRICULTURE – 2	/ALCOHOL – 2	/ART – 2	/AUDIO – 1
/BOOK – 2	/COAT – 1	/COMPUTER – 2	/FOOD – 1
/CURRENCY – 3	/DRESS – 1	/ELECTRONIC – 2	/FOOD – 1
/FOOTWEAR – 1	/GIFT – 1	/HAIR – 2	/HANDBAG – 1
/HEADWEAR – 2	/HOUSEHOLD – 1	/INFANT – 1	/JEWELLERY – 1
/LINEN – 1	/MECHANIC – 3	/MEDICINE – 1	/MUSIC – 3
/OPTICS – 3	/PAPER – 1	/PHOTO – 1	/RELIGIOUS – 3
/SHIRT – 1	/SKIRT – 1	/SLEEPWEAR – 1	/SPORT – 1
/SPORTSWEAR – 1	/SUIT – 1	/SWEATER – 1	/TIMEPIECE – 2
/TOBACCO – 2	/TOOLS – 3	/TOYS – 2	/TROUSERS – 1
/UNIFORM – 3	/VIDEO – 1	/WEAPON – 3	/WEATHER – 1
——INSERT Y (YES) IN FRONT OF EACH CATEGORY SELECTED			

CC	ALCOHOL	/	GORDONS GIN
–	BOOK	/	CASTAWAY PAPERBACK
–	TROUSERS	/	BLUE

图 6.12 输入示范

14. FF——Free Form Text 自由格式信息

此栏可用自由格式对行李或旅客进行具体描述。输入最多 58 个英文字母的要求指令或备注信息。除第一行外，其他每行第一个字母前必须加短缩线 "–"。

【例】FF FWD NKG X BAGG TAGGED TO HKG ONLY

–URGENT NEED AS PAX LEAVING XMN ON COMING FRI（旅客迫切需要在下周五离开厦门）

【例】FF BAG TAGGED TO HKG ONLY（行李牌信息显示只托运到香港）

15. NP——Number Of Paxs 同行人数

填写与报失旅客同行的旅客人数（1、2、3）。

16. CL——Class OF Travel 舱位等级

填写旅客所乘坐的舱位等级（F、C 或 Y）。

17. CS——Cash Payment 费用的支付

填写已支付给旅客的赔偿费用，并用指定的英语字母加以区别。支付方式的代码见表 6.9。

表 6.9 支付方式的代码

代 码	费用类型
A-ADVANCE	临时生活用品补偿费
D-DELIVERY	行李地面运送费用
F-FINAL	行李最终赔偿金额
I-INSURANCE	保险费用
X-OTHER	其他费用

18. DB——Destination On Bag(s) 行李牌目的站

填写行李牌上所显示的航程终点站的三字代码（不一定是旅客的目的站）。

19. BL——Place Where Bag Was Last Seen 最后一次见到行李的航站

填写旅客最后一次见到行李的航站的三字代码。

20. KT——Toilet Kit 临时生活用品

有的航空公司不支付临时生活用品补偿费，而是发放临时生活用品，须在该栏填写。

21. PA——Permanent Address 永久地址

填写旅客的永久地址，包括 Zip Code 邮编和 E-mail Address 电子邮件地址。

22. PN——Permanent Phone No. 联系电话

填写旅客的永久联系电话。

23. TA——Temporary Address 临时地址

填写旅客的临时联系地址。

24. DV——Date Valid Until 有效期

填写旅客临时地址的有效期。

25. TP——Temporary Phone No. 临时联系电话

填写旅客的临时联系电话。

26. 破损情况：行李破损时填写

分别在行李的正反视图、左右视图、上下视图中标出行李受损部位。根据行李受损程度在 MINOR（轻微）、MAJOR（严重）、TOTAL（完全破损）三项中选择其中一项打"√"，表示破损程度；在 LOCATION/TYPE/EXTENT（破损部位 / 破损程度 / 破损代码）栏中以标准格式描述行李受损情况。如 TOP/01MA 表示行李顶部把手大部分破损。常见的行李受损部位、程度及其代码的表示见表 6.10。

表 6.10 常见的行李受损部位、程度及其代码的表示

破损部位	TOP 顶部	END 边缘	SIDE 侧面	BOTT 底部
破损程度	MI 轻微 MINOR	MA 大部分 MAJOR	TL 全部 TOTAL	—
破损代码	01 把手 HANDLE	02 锁 LOCK	03 穿孔 HOLE	04 撕裂 TORN

破损代码	05 刮伤 SCRATCHED	06 撑脚 / 滑轮 FOOT/ WHEELS	07 拉链 ZIPPER	08 绑带 STRAP
	09 框架 FRAME	10 碎裂 CRUSHED	11 污损 STAINED	12 结合部 BINDINGS
	13 铰链 HINGES	14 凹陷 DENTED	15 内物 CONTENTS	16 其他 OTHER

27. BD——Baggage Details 行李信息

填写行李的具体详细信息。

28. CD——Contents Damage 内物破损

填写内物破损的具体情况（用于 DPR 案件）。

29. LP——Lost Property 遗失物件

填写内物短少的具体情况（用于 DPR 案件）。

30. PT——Passenger's Title 称谓

填写 MR、MISS、MRS 或 MS。

31. TK——Ticket Number 机票号码

填写旅客的机票号码。

32. Excess Baggage Weight 逾重行李重量

填写旅客已付费的逾重行李的重量。

33. BX——Excess Baggage Ticket Number 逾重行李票号码

填写旅客的逾重行李票号码。

34. LD——Forwarding/Delivery Instruction 行李当地交付说明

填写行李运抵后在当地交付方式的说明。

35. BW——Total Number And Weight Of Checked Baggage 所有托运行李的总件数和重量

填写旅客所有托运行李的总件数和重量，如果没有，填入"NIL"，如 BWNIL（没有托运行李）、BW 3/18KGS（托运行李 3 件 18kg）。

36. Total Number And Weight Of Bag(s) Received 已收到行李的总件数和重量

填写旅客已收到行李的总件数和重量。

37. NW——Total Number And Weight Of Bag(s) Mishandled 发生运输事故的行李的总件数和重量

填写发生少收（或破损 / 内物短少）的行李的总件数和重量。

38. For Local Inquires, Please Contact 查询热线

填写本站行李查询办公室的电话和传真号码。

39. DATE——填制日期

填写制单日期。

40. AG——Agent's Signature 填制人

工作人员在此签名。

41. Passenger's Signature 旅客签名

请旅客在此签名。

❧ 本 节 练 习 ❧

一、填空题

根据图 6.11 的行李运输事故记录单答题。

1. 运输事故的类别是＿＿＿＿＿＿＿＿＿，查询编号是＿＿＿＿＿＿＿＿＿＿。

2. 旅客姓名＿＿＿＿＿＿＿，姓名缩写＿＿＿＿＿＿＿＿，称谓＿＿＿＿＿＿。

3. 航班号＿＿＿＿＿＿＿＿＿，日期＿＿＿＿＿＿＿＿，航程＿＿＿＿＿＿＿。

4. 客票号码＿＿＿＿＿＿＿＿＿＿，行李牌号码＿＿＿＿＿＿＿＿。

5. 行李箱的标牌＿＿＿＿＿＿＿＿，行李内装物品＿＿＿＿＿＿＿＿。

6. 行李的描述 BK22HWX 的释义＿＿＿＿＿＿＿＿＿＿＿＿＿＿。

7. 旅客的永久地址＿＿＿＿＿＿＿＿，电话＿＿＿＿＿＿＿＿＿。

8. 旅客的临时地址＿＿＿＿＿＿＿＿，电话＿＿＿＿＿＿＿＿＿。

9. 托运行李的件数＿＿＿＿＿＿＿＿，重量＿＿＿＿＿＿＿＿，

发生事故行李的件数＿＿＿＿＿＿＿＿，重量＿＿＿＿＿＿＿＿。

10. 行李牌的目的站＿＿＿＿＿＿，最后一次见到行李的航站＿＿＿＿＿＿。

二、选择题

1. 行李识别图中,(　　　)表示金属,(　　　)表示客舱行李大小。

　　A. D　　　　　　　　　　　B. K

　　C. L　　　　　　　　　　　D. M

2. 破损程度 TL 表示(　　　)。

　　A. 无损坏　　　　　　　　　B. 轻微损坏

　　C. 大部分损坏　　　　　　　D. 全部损坏

3. PIR 单中,"KT"的含义为(　　　)。

　　A. 临时生活补偿费　　　　　B. 临时生活用品

　　C. 行李最终赔偿费　　　　　D. 行李地面运送费

4. PIR 单中,"BR"的含义为(　　　)。

　　A. 行李描述　　　　　　　　B. 行李箱标牌

　　C. 物品类别　　　　　　　　D. 行李航线

5. 行李牌显示的目的站应该填写在少收 PIR 单中的哪个栏目(　　　)。

　　A. BR　　　　　　　　　　　B. DB

　　C. BI　　　　　　　　　　　D. BD

三、判断并改错

1. 一辆黑色自行车以黄色纸箱包装，CT 表示为 BK10BXX。　　　　（　　）
2. 黄色纸箱内装一台黑色计算机，CT 项表示为 YW10BXX。　　　（　　）
3. PIR 单即遗失物品问卷。　　　　　　　　　　　　　　　　　（　　）
4. 填写 PIR 单时，如行李牌上未显示航空公司代码，可用 CC 代替。（　　）

四、操作题

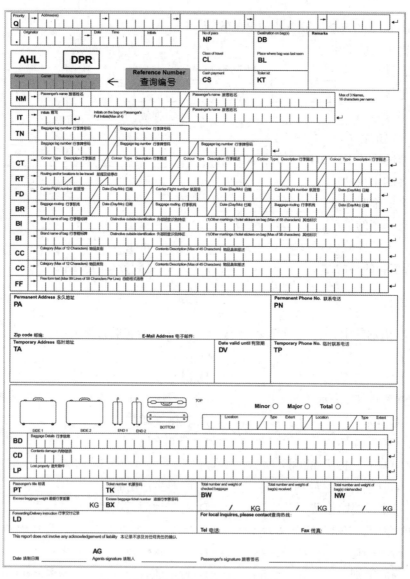

图 6.13　行李运输事故记录单

　　旅客徐春华女士于 12 月 29 日独自一人乘坐 MU592 航班经济舱，从东京成田机场（机场代码 NRT）出发到达上海浦东机场，共托运一件行李 15kg。旅客在浦东机场申报托运行李破损及内物缺失。

该行李牌号码 MU123456，红色 22 型行李箱，带轮带把手。行李箱品牌为皇冠（CROWN）。行李的侧面锁扣全部损坏，行李箱内一台尼康数码相机丢失。

请根据已知情况为旅客填写图 6.13 所示行李运输事故记录单。

第三节　行李查询业务电报

引例　行李查询方式的变化

　　1980 年以前，有关行李的各种信息基本上是采用"民航 SITA 运输业务电报"的形式传递的。1989 年，SITA 和 IATA 联合研制的环球行李查询系统（World Tracer）诞生，由环球行李追踪系统（World Tracer Tracing System，WT 系统）和环球行李查询系统（World Tracer Management System，WM 系统）组成。手工电报的形式逐渐被取代，但其内容模式被沿用下来。

　　我国航空公司在 1996 年引入该系统，一直到 2012 年 SITA 推出环球行李查询系统中文版，该系统在国内的使用越来越广泛。然而随着国内民航客运量的增加，各航空公司使用环球行李查询系统的成本不断增加，2016 年起，我国开始研究基于 RFID 技术的行李全流程跟踪系统。2020 年，中国航信开发的"航易行"被民航局认定为中国民航行李全流程跟踪系统的公共信息平台。

一、行李查询常用电报地址

国际行李查询（电报地址代号：LL），负责处理符合国际运输条件的不正常行李运输。
国内行李查询（电报地址代号：LN），负责处理符合国内运输条件的不正常行李运输。
行李查询中心（电报地址代号：LZ），协助各站行李查询和行李赔偿。

二、行李查询常用电报种类

1. 少收行李查询电报

（1）第一次少收查询电报 AHL（Advise if Hold，建案后马上拍发）。

（2）第二次少收查询电报（2ND Trace，与第一次间隔 24 小时拍发）。

（3）第三次少收查询电报（3RD Trace，与第二次间隔 24 小时拍发）。

（4）泛查电报 O/Ltrace（Offline Trace，72 小时后仍未找到时拍发）。

（5）仍需查询电报 SND（Still Need，没有回复响应或强烈要求再次查找时拍发）。

（6）最后查找电报 FNL（Final Trace，21 天仍未找到，准备放弃寻找前拍发）。

2. 破损/内物短少行李查询电报

破损/内物短少行李查询电报 DPR（Damage/Pilferage）。

3. 多收行李查询电报

（1）多收行李查询电报 OHD（On Hand，收到多收行李后拍发）。

（2）仍旧多收行李查询电报 SHL（Still Hold，建立多收案件后 72 小时无人认领时拍发）。

三、行李少收电报实例

1. 少收行李查询

【例】旅客 WANG/JIANMIN MR 在 3 月 19 日先搭乘 MU594（东京成田—西安），再转机 CZ8620（西安—上海虹桥）。到达上海后，申报遗失一件绑有箱带、有轮子的黑色 23 型托运行李，行李牌号码为 CZ297432，该行李箱为新秀丽箱包，内有尼康相机及一双男士棕色皮鞋等物品。另，行李箱上挂有希尔顿酒店的标牌。请查找后尽快联系。

1）第一次少收查询电报

接到行李少收的情况，在本站查找无果后，建立少收行李档案，并向航程涉及的其他航站拍发第一次少收查询电报。

QD NRTLLMU XIYLLMU XIYLNCZ	收报人：东航成田国际行查、东航西安国际行查、南航西安国内行查
.SHALNCZ 191630	发报人：南航上海国内行查 19 日 16∶30 发
AHL	AHL 少收电报
SHACZ 03011	南航上海虹桥 3 月第 11 起少收案件
NM WANG/JIANMIN MR	姓名：WANG/JIANMIN 先生
IT JMW	姓名首字母缩写：JMW
TN CZ297432	行李牌号：CZ297432
CT BK23SWX	行李描述：绑有箱带的 23 型黑色带轮行李
RT NRT/XIY/SHA	航程：成田—西安—上海
FD MU594/19MAR/CZ8620/19MAR	航班：3 月 19 日 MU594 转 CZ8620
BI SAMSONITE	行李品牌：新秀丽
CC CAMERA/NIKON	内物描述：相机 / 尼康
– FOOTWEAR/ONE PAIR OF BROWN SHOES FOR MAN	鞋子 / 一双棕色男士鞋
FF HILTON HTL ID LABEL ON BAG –PLS RUSH CHK N ADV SHALNCZ EVEN IF NEG X TKS	自由格式：行李箱上挂有希尔顿酒店标牌请快速查询，无论是否找到都请告知我们情况，谢谢！
AG SHALNCZ/LY	填制人：南航上海国内行查 LY
=	

备注：（1）CC 指令用于输入行李内含物品类别及物品说明，每一件物品应单独用一行输入，除第一行外，其他每一行第一个字母前必须加短横线"–"。每件行李最多输入 12 件内含物品。

（2）FF 指令用于输入自由格式信息，除第一行外，其他每一行第一个字母前必须加短横线"–"。

2）第二次少收查询电报

第一次少收查询电报拍发后没有查询到行李，间隔 24 小时拍发第二次少收查询电报。

QD NRTLLMU XIYLLMU XIYLNCZ	收报人：东航成田国际行查、东航西安国际行查、南航西安国内行查
.SHALNCZ201630	发报人：南航上海国内行查 20 日 16：30 发
2ND TRACE	第二次查询
AHL	AHL 少收电报
SHACZ 03011	南航上海虹桥 3 月第 11 起少收案件
NM WANG/JIANMIN MR	姓名：WANG/JIANMIN 先生
IT JMW	姓名首字母缩写：JMW
TN CZ297432	行李牌号：CZ297432
CT BK23SWX	行李描述：绑有箱带的 23 型黑色带轮行李
RT NRT/XIY/SHA	航程：成田—西安—上海
FD MU594/19MAR/CZ8620/19MAR	航班：3 月 19 日 MU594 转 CZ8620
BI SAMSONITE	行李品牌：新秀丽
CC CAMERA/NIKON	内物描述：相机／尼康
–FOOTWEAR/ONE PAIR OF BROWN SHOES FOR MAN	鞋子／一双棕色男士鞋
FF HILTON HTL ID LABEL ON BAG –PLS RUSH CHK N ADV SHALNCZ EVEN IF NEG X TKS	自由格式：行李箱上挂有希尔顿酒店标牌请快速查询，无论是否找到都请告知我们情况，谢谢！
AG SHALNCZ/LY =	填制人：南航上海国内行查 LY

备注：（1）第二次少收查询报、第三次少收查询报、泛查电报、仍需查询电报、最后查找电报只需在电文 AHL 的上一行分别增加"2ND TRACE""3RD TRACE""O/L TRACE""SND""FINAL TRACE"，其他内容与第一次少收行李查询电报基本相同，如有行李特殊信息须加以说明。

（2）泛查电报查询的范围有所扩大，一般应向可能发生行李错运的所有航站拍发查询电报。

2. 对外站少收电报的回复

收到外站的少收电报后，应查看当日始发航班的行李装卸记录，一种情况是确认行李已装机，则拍发已装机电报，通知查询航站。另一种情况是未能找到类似的行李，亦应发无信息报，告知查询航站。

1）已装机电报

QD SHALNCZ	收报人：南航上海国内行查
.XIYLNCZ202030	发报人：南航西安国内行查，20 日 20：30 发

RE YR AHL/SHACZ 03011 FVR PAX WANG/JIANMIN TN CZ297432 X SA BAG DEF LDD O/B CZ8620/20MAR IN CTNR AVE1306 X PLS DBL CHK Y/E X B.RGDS =	回复：你处少收案件 SHACZ03011，旅客 WANG/JIANMIN，行李牌号 CZ297432。 上述行李确认装机，在 3 月 20 日 CZ8620 航班的集装箱 AVE1306 内。 请再次查找你处。 祝好！

2）无信息电报

QD SHALNCZ NRTLLMU XIYLLMU .XIYLNCZ202030 NEG RE YR AHL/ SHACZ 03011 FVR PAX WANG/JIANMIN TN CZ297432 X WE DULY CHKD ALL POSS AREA BUT NEG X PLS DBL CHK Y/E X B.RGDS =	收报人：南航上海国内行查、东航成田国际行查、东航西安国际行查 发报人：南航西安国内行查20日20：30发 NEG 无信息报 回复：你处少收案件 SHACZ03011，旅客 WANG/JIANMIN，行李牌号 CZ297432。 我们找了所有可能的区域，但未发现行李踪迹。 请再次查找你处。 祝好！

3. 少收行李结案电报 CFI（Close File）

行李找到需结案，应拍发少收行李结案电报。

QD XIYLNCZ NRTLLMU XIYLLMU .SHALNCZ202200 CFI AHL/ SHACZ 03011 FVR PAX WANG/JIANMIN TN CZ297432 X BAG FOUND AT XIYCZ N ARVD SHA BY CZ8620/20MAR =	收报人：南航西安国内行查、东航成田国际行查、东航西安国际行查 发报人：南航上海国内行查20日22：00发 CFI 结案报 少收案件 SHACZ03011，旅客 WANG/ JIANMIN，行李牌号 CZ297432。 行李在西安南航处找到并已通过 3 月 20 日 CZ8620 航班到达上海。

四、破损 / 内物短少行李电报实例

1. 破损 / 内物短少行李查询

【例】旅客 JIANG/MING MR 乘坐 12 月 12 日的 CA1865 航班，从上海浦东至广州，舱位为头等舱。该旅客到站后发现托运的一件行李破损，该行李为蓝色 27 型，带轮子。

行李箱侧面撕裂损坏，且损毁较为严重，造成行李箱中一件男士套装损毁、一瓶香水遗失，广州的行查人员为旅客支付了 200 元的赔偿。

QD PVGLNCA .CANLNCA 120730 DPR CANCA 12003 NM JIANG/MING MR IT MJ TN CA123456 CT BL27WXX RT PVG/CAN FD CA1865/12DEC TD SIDE/04MA CD ONE MAN'S SUIT TORN LP A BOTTLE OF PERFUME CS F/CNY200 SI SA BAG SIDE TORN X ONE MAN'S SUIT TORN N LOST A BOTTLE OF PERFUME X WE COMP PAX CNY200X AG CANLNCA/LY =	收报人：国航上海国内行查 发报人：国航广州国内行查 12 日 07：30 发 DPR 破损 / 内物短少报 国航广州 12 月第 3 起破损 / 内物短少案件 姓名：JIANG/MING 先生 姓名首字母缩写：MJ 行李牌号：CA123456 行李描述：27 型蓝色带轮行李 航程：上海浦东—广州 航班：12 月 12 日 CA1865 破损情况：侧面大部分撕裂 内物破损：一件男士套装损毁 遗失物件：一瓶香水 费用支付：最终赔偿人民币 200 元 补充说明：行李侧面撕裂，一件男士套装损毁，一瓶香水丢失。我们赔偿了旅客 200 元人民币。 填制人：南航上海国内行查 LY

2. 对外站破损 / 内物短少行李的回复

1）已装机电报

QD CANLNCA . PVGLNCA 121530 RE DPR/CANCA 12003 PAX JIANG/MING ITEM FOUND N WL FWD BY CA1830/12 DEC X =	收报人：国航广州国内行查 发报人：国航上海国内行查 12 日 15：30 发 回复：你处破损 / 内物短少案件 CANCA12003，旅客 JIANG/MING，短少内物已找到，将随 12 月 12 日 CA1830 航班速运至你处

2）无信息电报

QD CANLNCA . PVGLNCA 140830 RE DPR/CANCA 12003 PAX JIANG/MING ITEM NEG AT OUR END X =	收报人：国航广州国内行查 发报人：国航上海国内行查 14 日 08：30 发 回复：你处破损 / 内物短少案件 CANCA 12003，旅客 JIANG/MING，短少内物未在我处找到

五、多收行李电报实例

1. 始发航班落牌多收行李查询

【例】9月1日，东航国内行查部门在浦东机场多收一件黄色01型脱牌行李（始发遗留），该行李为皇冠牌，带锁、箱带和轮子，可能为当天 MU5123 或 MU5103 航班上的脱牌行李，且该行李把手上拴挂红色丝带，姓名牌上显示旅客姓名 KOTTER/JOHN。

QD PEKLNMU	收报人：东航北京国内行查
. PVGLNMU 190814	发报人：东航上海国内行查 19 日 08：14 发
OHD	OHD 多收电报
PVGMU 09019	东航上海 9 月第 19 起多收案件
NM KOTTER/JOHN	姓名：KOTTER/JOHN
IT JK	姓名首字母缩写：JK
TN	行李牌号：
CT YE01CSW	行李描述：黄色 1 型带锁、箱带和轮子
RT PVG	航程：上海浦东
FD YY/19SEP	航班：9 月 19 日未知
BI CROWN	行李品牌：皇冠
FF RED RIBBON ON HANDLE OF BAG	自由格式：行李把手上有红丝带
SI BAG TAG OFF X POSS L/B FRM FLT	行李脱牌，可能是 9 月 19 日 MU5123 或
MU5123/19SEP OR MU5103/19SEP	MU5103 航班的漏装行李。
– PLS CHK YR RECORD N ADV	请查看你处记录，如果需要该行李请联系
PVGLNMU IF U NEED X TKS	我处，谢谢。
AG PVGLNMU/LY	填制人：东航上海国内行查 LY
=	

备注：（1）因为落牌行李不知道航程，故 RT 只需填入发生事故的航站即可。

（2）仍旧多收电报 SHL 只需在电文正文前增加"STILL HOLD"，电文其他内容与多收电报基本相同，如有行李特殊信息须加以说明。

2. 对外站多收电报的回复 ROH（Reply On Hand）

若外站多收行李匹配本站少收行李的，拍发电报索要行李。

QD PVGLNMU	收报人：东航上海国内行查
.PEKLNMU 191600	发报人：东航北京国内行查 19 日 16：00 发
RE OHD/PVGMU09019 MATCH WZ OUR	回复：你处多收案件 PVGMU09019 和我处
AHL/PEKMU09010 PAX KOTTER/JOHN	少收案件 PEKMU09010，旅客 KOTTER/
PLS FWD PEK ASAP X	JOHN 匹配。请尽快将行李速运至北京。
B.RGDS	祝好！
=	

3. 多收行李速运电报 FWD (Forwaod)

将与少收匹配的多收行李速运至查询航站，应拍发电报告知。

QD PEKLNMU	收报人：东航北京国内行查
.PVGLNMU 201047	发报人：东航上海国内行查 20 日 10：47 发
FWD	FWD 速运电报
OHD/ PVGMU09019	多收案件：PVGMU09019
NM KOTTER/JOHN	旅客姓名：KOTTER/JOHN
IT JK	姓名首字母缩写：JK
TN	行李牌号：
CT YE01CSW	行李描述：黄色 1 型带锁、箱带和轮子
RT PVG	航程：上海浦东
FD YY/19SEP	航班：9 月 19 日未知
XT MU005176	速运行李牌号：MU005176
NR PVG/PEK	速运航程：上海浦东—北京
NF MU5101/20SEP	速运航班：9 月 20 日 MU5101
SI BAG TAG-OFF N POSS MCH AHL/	上述行李脱牌，可能匹配你处少收案件
PEKMU09010 X PLZ RETURN BACK IF	PEKMU09010。若不匹配请退回，谢谢。
NOT MCH X TKS	
AG PVGLNMU/LY	填制人：东航上海国内行查 LY
=	

备注：（1）XT——Rush Tag Number 速运牌号码。
　　　（2）NF——New Flight 速运航班号。
　　　（3）NR——New Routing 速运航程。

4. 多收行李结案电报 CFI（Close File）

多收行李归还旅客后，应拍发结案电报告知航程涉及的其他航站。

QD PVGLNMU	收报人：东航上海国内行查
.PEKLNMU 210927	发报人：东航北京国内行查 21 日 09：27 发
CFI	CFI 结案电报
OHD/PVGMU09019 FVR PAX KOTTER/	多收案件 PVGMU09019，旅客 KOTTER/
JOHN	JOHN
XT MU005176 DULY RECD N RESTORED	速运行李牌号 MU005176。我处已收到并
TO PAX ON 20SEP	于 9 月 20 日归还旅客
=	

❀ 本节练习 ❀

一、不定项选择题

1. 国内行李查询的电报地址两字代码为（　　　）；国际行李查询的电报地址二字代码为（　　　）；行李查询中心的电报地址二字代码为（　　　）。

   A. LL   B. LN

   C. LZ   D. LX

2. 以下 SITA 电报属于行李查询业务的有（　　　）。

   A. PTM   B. CPM

   C. OHD   D. LDM

3. 拍发泛查行李电报的报头全称是（　　　）。

   A. O/L TRACE   B. FWD

   C. OHD   D. LDM

4. 少收案件制单后，72 小时后仍未找到时应拍发（　　　）电报。

   A. 2ND TRACE   B. 3RD TRACE

   C. O/L TRACE   D. FINAL TRACE

5. SITA 电报中，报头 SHL 表示（　　　），SND 表示（　　　）。

   A. STILL HOLD   B. ON HAND

   C. STILL NEED   D. FORWARD

6. "NR" 对应的项目是（　　　）。

   A. 航程   B. 航班号

   C. 速运航程   D. 速运航班号

二、请把以下电报翻译为中文

QD HFELNMU	
.SHALNMU 102344	
DPR	
SHAMU12003	
NM WANG/QING MR	
IT QW	

TN MU123456 CT BK22HWX RT HFE/SHA FD MU5507/10DEC TD BOTT/14MA CS F/CNY200 AG SHALNMU/LY =	

三、电报编写

　　徐娇女士在 4 月 28 日乘坐 MU593 从北京飞往东京成田机场（机场代码 NRT）。到达东京后，该旅客向航空公司申报托运行李丢失。行李为蓝色 27 型行李箱，带轮子和把手。行李牌号 MU123456，品牌为新秀丽（SAMSONITE），内含一个尼康相机。作为行李查询员，请拍发少收（AHL）电报。

参 考 文 献

[1] 中国航空运输协会 . 民航旅客地面服务 [M]. 北京：中国民航出版社，2020.

[2] 何蕾，王益友 . 民航机场地面服务 [M]. 北京：化学工业出版社，2020.

[3] 郑丽萍，赵雅 . 民航地面服务与管理 [M]. 北京：航空工业出版社，2019.

[4] 黄颖芬 . 记忆策略在航空地理代码教学中的应用 [J]. 中国民航飞行学院学报，2020，31（02）：50–52.